Francisco de Rojas Zorrilla

Entre bobos
anda el juego

Barcelona **2024**
Linkgua-ediciones.com

Créditos

Título original: Entre bobos anda el juego.

© 2024, Red ediciones S.L.

e-mail: info@linkgua.com

Diseño de cubierta: Michel Mallard.

ISBN tapa dura: 978-84-1126-289-7.
ISBN rústica: 978-84-9816-223-3.
ISBN ebook: 978-84-9897-480-5.

Sumario

Brevísima presentación

La vida

Francisco de Rojas Zorrilla (Toledo, 1607-Madrid, 1648). España. Hijo de un militar toledano de origen judío, nació el 4 de octubre de 1607. Estudió en Salamanca y luego se trasladó a Madrid, donde vivió el resto de su vida. Fue uno de los poetas más encumbrados de la corte de Felipe IV. Y en 1645 obtuvo, por intervención del rey, el hábito de Santiago.

Empezó a escribir en 1632, junto a Pérez Montalbán y Calderón de la Barca, la tragedia El monstruo de la fortuna. Más tarde colaboró también con Vélez de Guevara, Mira de Amescua y otros autores.

Felipe IV protegió a Rojas y pronto las comedias de éste fueron a palacio; su sátira contra sus colegas fue tan dura al parecer que alguno de los ofendidos o algún matón a sueldo le dio varias cuchilladas que casi lo matan. En 1640, y para el estreno de un nuevo teatro construido con todo lujo, compuso por encargo la comedia Los bandos de Verona. El monarca, satisfecho con el dramaturgo, se empeñó en concederle el hábito de Santiago: las primeras informaciones no probaron ni su hidalguía ni su limpieza de sangre, antes bien, la empañaron; pero una segunda investigación que tuvo por escribano a Quevedo, mereció el placer y fue confirmado en el hábito (1643). En 1644, desolado el monarca por la muerte de su esposa Isabel de Borbón y poco más tarde por la de su hijo, ordenó clausurar los teatros, que no se abrirían ya en vida de Rojas Zorrilla, muerto en Madrid el 23 de enero de 1648.

Entre bobos anda el juego es el modelo supremo de la comedia de figurón: la caricatura del provinciano grotesco que aspira a una promoción social mediante un matrimonio que pretende alcanzar por su riqueza.

Personajes

Don Pedro
Cabellera, gracioso
Don Antonio, viejo
Don Luis
Carranza, criado
Don Lucas
Doña Isabel de Peralta
Andrea, criada
Doña Alfonsa
Mesonero

Jornada primera

[En la casa de don Antonio de Peralta, en Madrid]

(Salen doña Isabel con bohemio, y Andrea, criada.)

Isabel   Llegó el coche, es evidente.

Andrea   Y la litera también.

Isabel   ¡Qué perezoso es el bien,
y el mal, oh, qué diligente!
¿Que mi padre, inadvertido,
darme tal marido intente!

Andrea   Marido tan de repente
no puede ser buen marido.
Jueves tu padre escribió
a Toledo, ¿no es así?
Pues viernes dijo que sí,
y el domingo por ti envió.
Cierta esta boda será,
según anda el novio listo;
que parece que te ha visto
en la priesa que se da.

Isabel   A obedecer me condeno
a mi padre, amiga Andrea.

Andrea   Puede ser que éste lo sea,
pero no hay marido bueno.
Ver cómo se hacen temer
a los enojos menores,
y aquel hacerse señores

9

de su perpetua mujer;
  aquella templanza rara
y aquella vida tan fría,
donde no hay un «¡alma mía!»
por un ojo de la cara;
  aquella vida también
sin cuidados ni desvelos,
aquel amor tan sin celos,
los celos tan sin desdén,
  la seguridad prolija
Y las tibiezas tan grandes,
que pone un requiebro en Flandes
quien llama a su mujer «hija».
  ¡Ah! Bien haya un amador
de estos que se usan agora,
que está diciendo que adora
aunque nunca tenga amor.
  Bien haya un galán, en fin,
que culto a todo vocablo,
aunque una mujer sea diablo,
dice que es un serafín.
  Luego que es mejor se infiera,
haya embuste o ademán,
aunque más finja un galán
que un marido, aunque más quiera.

Isabel   Lo contrario he de creer
de lo que arguyendo estás
y de mi atención verás
que el marido y la mujer,
  que se han de tener, no ignoro,
en tálamo repetido,
respeto ella a su marido
y él a su mujer decoro;

y este callado querer
mayor voluntad se nombre;
que no ha de tratar un hombre
como a dama su mujer.
    Y ansí mi opinión verás
de mi argumento evidente;
menos habla quien más siente,
más quiere quien calla más.
    No esa llama solicito,
todo lenguas al arder,
porque un amor bachiller
tiene indicios de apetito;
    y ansí, tu opinión sentencio
a mi enojo a mi rigor;
que antes es seña de amor
la cautela del silencio.
    Dígalo el discurso sabio
si más tu opinión me apura;
que no es grande calentura
la que se permite el labio;
    la oculta es la que es mayor;
su dolor, el más molesto,
y aquel amor que es honesto
es el que es perfeto amor;
    no aquel amor siempre ingrato,
todo sombra, todo antojos;
que éste nació de los ojos,
y aquél se engendra del trato;
    luego más se ha de estimar,
porque mi fe se asegure,
amor que es fuerza que dure
que amor que se ha de acabar.

Andrea   Y di, ¿un marido es mejor

que en casa la vida pasa?

Isabel   Pues, ¿qué importa que esté en casa,
                como yo le tenga amor?

Andrea   Y que es por fuera, ¿no es fiera
                pensión?

Isabel   Tampoco me enfada.

Andrea   Naciste para casada,
                como yo para soltera.

Isabel   Pues déjame.

Andrea   Ya te dejo;
                pero este chisgarabís,
                éste tu fino don Luis,
                galán de tapa de espejo,
                    ése que habla a borbotones
                de su prosa satisfecho,
                que en una horma le han hecho
                vocablos, talle y acciones,
                    ¿qué es lo que de ti ha intentado?

Isabel   Ese hombre me ha de matar;
                ha dado en no me dejar
                en casa, calle ni Prado
                    con una asistencia rara.
                Si a la iglesia voy, allí
                oye misa junto a mí;
                si para el coche, él se para;
                    si voy a andar, yo no sé
                cómo allí se me aparece;

si voy en silla, parece
mi gentil hombre de a pie;
   y, en efeto, el tal señor,
que mi libertad apura,
visto es muy mala figura,
pero escuchado es peor.

Andrea	¿Habla culto?

Isabel   Nunca entabla
lenguaje disparatado;
antes, por hablar cortado,
corta todo lo que habla;
   vocablos de estrado son
con lo que a obligarme empieza;
dice «crédito», «fineza»,
«recato», «halago», «atención»;
   y de esto hace mezcla tal,
que aun con amor no pudiera
digerirlo, aunque tuviera
mejor calor natural.

Andrea   ¡Ay, señor mía, malo!
No le vuelvas a escuchar,
que este hombre te ha de matar
con los requiebros de palo.

Isabel   Yo admitiré tu consejo,
Andrea, de aquí adelante.

Andrea   Señora, el que es fino amante
habla castellano viejo;
   el atento y el pulido
que éste pretende, creerás,

ser escuchado no más,
mas no quiere ser querido.

Isabel   Andrea amiga, sabrás
que tengo amor, ¡ay de mí!,
a un hombre que una vez vi.

Andrea   Dime, ¿y no le has visto más?

Isabel   No, y a llorar me provoco
de un dolor enternecida.

Andrea   ¿Y qué le debes?

Isabel   La vida.

Andrea   ¿No sabes quién es?

Isabel   Tampoco.

Andrea   Para que esa enigma crea,
¿cómo, te pregunto yo,
de la muerte te libró?

Isabel   Oye, y lo sabrás, Andrea.

Andrea   Para remediarlo, falta
saber tu mal.

Isabel   Oye.

Andrea   Di.

(Dentro.)

Cabellera	¡Ah de casa! ¿Posa aquí doña Isabel de Peralta?
Andrea	Por ti preguntas; ¿quién es?
Isabel	¿Si vienen por mí?
Andrea	Eso infiero. ¿Quién es?

(Sale Cabellera.)

Cabellera	Éntrome primero, que yo lo diré después.
Isabel	¿Qué queréis?
Cabellera	Si hablaros puedo, si no os habéis indignado, ¿podré daros un recado de don Pedro de Toledo?
Isabel	Hablad, no estéis temeroso.
Cabellera (Aparte.)	(¡Buen talle!)
Isabel	Hablad.
Cabellera (Aparte.)	(Yo me animo.)
Isabel	¿Quién es don Pedro?
Cabellera	Es un primo

del que ha de ser vuestro esposo,
que viene por vos.

Isabel   Sepamos
qué es lo que envía a decir.

(Dale una carta.)

Cabellera   Que es hora ya de partir
si estáis prevenida.

Isabel   ¡Vamos!
(Aparte.)   (Si esto que miro no es sueño,
no sé lo que puede ser.)
¿Cómo no me viene a ver
ese primo de mi dueño?

Andrea   ¡Oh, marido apretador!

Isabel   ¿Yo he de irme con tanta priesa?

Cabellera   Señora, es orden expresa
de don Lucas, mi señor,
y para él delito fuera
no llegarle a obedecer;
manda que aun no os venta a ver
cuando entréis en la litera.

Isabel   ¿Quién ese don Lucas es?

Cabellera   Quien ser tu esposo previene.

Isabel   Excelente nombre tiene
para galán de entremés.

¿Vos le servís?

Cabellera	No quisiera, mas sírvole.

Andrea   ¡Buen humor!

Cabellera   Nunca le tengo peor.

Isabel   ¿Cómo os llamáis?

Cabellera   Cabellera.

Isabel   ¡Qué mal nombre!

Cabellera   Pues yo sé
que a todo calvo aficiona.

Isabel   ¿No me diréis qué persona
es don Lucas?

Cabellera   Sí, diré.

Isabel   ¿Hay mucho que decir?

Cabellera   ¡Mucho!
Y más espacio quisiera.

Andrea   Tiempo hay harto, Cabellera.

Cabellera   Pues atended.

Isabel   Ya os escucho.

Cabellera   Don Lucas del Cigarral,
cuyo apellido moderno
no es por su casa, que es
por un cigarral que ha hecho,
es un caballero flaco,
desvaído, macilento
muy cortísimo de talle,
y larguísimo de cuerpo;
las manos, de hombre ordinarios;
los pies, un poquillo luengos,
muy bajos de empeine y anchos,
con sus Juanes y sus Pedros;
zambo un poco, calvo un poco,
dos pocos verdimoreno,
tres pocos desaliñado
y cuarenta muchos puerco;
si canta por la mañana,
como dice aquel proverbio,
no solo espanta sus males,
pero espanta los ajenos;
si acaso duerme la siesta,
da un ronquido tan horrendo,
que duerme en su cigarral
y le escuchan en Toledo;
come como un estudiante
y bebe como un tudesco,
pregunta como un señor
y habla como un heredero;
a cada palabra que habla,
aplica dos o tres cuentos,
verdad es que son muy largos,
mas para eso no son buenos;
no hay lugar donde no diga
que ha estado, ninguno ha hecho

cosa que le cuente a él
que él no la hiciese primero;
si uno va corriendo postas
a Sevilla, dice luego:
«Yo las corrí hasta el Perú,
con estar el mar en medio»;
si hablan de espadas, él solo
es quien más entiende de esto,
y a toda espada sin marca
la aplica luego en maestro;
tiene escritas cien comedias,
y cerradas con su sello,
para, si tuviere hija,
dárselas en dote luego;
pero ya que no es galán,
mal poeta, peor ingenio,
mal músico, mentiroso,
preguntador sobre necio,
tiene una gracia, no mas,
que con ésta le podremos
perdonar esotras faltas;
que es tan mísero y estrecho,
que no dará lo que ya
me entenderán los atentos,
que come tan poco el tal
don Lucas, que yo sospecho
que ni aun esto podrá dar,
porque no tiene excrementos.
éstas, dama, son sus partes,
contadas de verbo ad verbum;
ésta es la carta que os traigo
y éste el informe que he hecho;
quererle es tan cargo de alma
como lo será de cuerpo;

partiros, no haréis muy bien;
casaros, no os lo aconsejo;
meteros monja es cordura;
apartaros de él, acierto;
hermosa sois, ya lo admiro;
discreta sois, no lo niego,
y así, estimaos como hermosa,
y pues sois discreta, os ruego
que antes que os vais a casar
miréis lo que hacéis primero.

Isabel   ¡Buen informe!

Andrea   Razonable.

Isabel   Pero dime: ¿cómo siendo
su criado habláis tan mal
de las partes de tu dueño?

Andrea   ¡Como quien come su pan!

Cabellera   ¿Yo le como? Ni aun le almuerzo;
sirvo por mi devoción;
que hice un voto muy estrecho
de servir a un miserable,
y estoyle agora cumpliendo.

Isabel   Pues, ¿os pasáis sin comer?

Cabellera   Si no fuera por don Pedro,
su primo, fuera criado
de vigilia.

Isabel   Y dinos esto:

don Pedro, ¿quién es?

Cabellera   ¿Quién es?
Es el mejor caballero,
más bizarro y más galán
que alabar puede el exceso;
y a no ser pobre, pudiera
competir con los primeros;
juega la espada y la daga
poco menos que el Pacheco
Narváez, que tiene ajustada
la punta con el objeto;
si torea, es Cantillana;
es un Lope si hacer versos;
es agradable, cortés,
es entendido, es atento,
es galán sin presunción,
valiente sin querer serlo,
queriendo serlo bienquisto,
liberal tan sin estruendo
que da y no dice que ha dado,
que hay muy pocos que hagan esto.

Andrea   ¿Es posible que tu padre
eligiese aquel sujeto
pudiéndote dar esotro?

Cabellera   No me espanto, que en efeto,
éste no tiene un ochavo
y esotro tiene dinero.

Andrea   Pues, ¿qué importa que lo tenga
si lo guarda?

Isabel	Yo no quiero sin el gusto la riqueza. Decidme, y ese don Pedro, ¿tiene amor?
Cabellera	Yo no lo sé, mas trátanle casamiento con la hermana de don Lucas, doña Alfonsa de Toledo, que puede ser melindrosa entre monjas, y os prometo que se espanta de una araña aunque esté cerca del techo. Vio un ratón el otro día entrarse en un agujero, y la dio de corazón un mal, con tan grave aprieto, que entre siete no pudimos abrirle siquiera un dedo; pero son ellos fingidos como yo criado vuestro. Él viene ya a recibiros.
Isabel	No vendrá, que ¡vive el cielo!, que hoy ha de saber mi padre...

(Sale don Antonio, viejo.)

Antonio	Doña Isabel, ¿qué es aquesto?
Isabel	Es que yo no he de casarme, mándenlo o no tus preceptos, con don Lucas.

Antonio	¿Por qué, hija?
Isabel	Porque es miserable.
Antonio	Eso no te puede a ti estar mal siendo su mujer, supuesto que vendrás a ser más rica cuando él fuere más atento.
Isabel	Es porfiado.
Antonio	No porfiar con él, y te importa menos.
Isabel	Es necio.
Antonio	Él te querrá bien, y el amor hace discretos.
Isabel	Es feo.
Antonio	Isabel, los hombres no importa que sean muy feos.
Andrea	Señor, es puerco.
Antonio	Limpiarle. Sea lo que fuere, en efecto, yo os he de casar con él. ¿Será mejor un mozuelo que gaste el dote en tres días y que os dé a comer requiebros? ¡Noramala para vos!

23

Cásoos con un caballero
que tiene seis mil ducados
de renta, ¿y hacéis pucheros?
¿Qué carta es ésa?

Isabel   Una carta
de mi esposo.

Antonio   ¿Y yo no tengo
carta alguna?

Cabellera   No, señor.
Voy a llamar a don Pedro,
porque, hasta daros la carta,
no tuve orden para hacerlo.
Guárdeos el cielo.

(Vase Cabellera.)

Antonio   Él os guarde.

Isabel (Aparte.)   (¡Quitadme la vida, cielos!)

Antonio   Veamos qué dice la carta.

Isabel   Dice así.

Antonio   Ya estoy atento.

(Lee.)

Isabel   «Hermana: Yo tengo seis mil cuarenta y dos ducados
de renta de mayorazgo, y me hereda mi primo si no
tengo hijos; hanme dicho que vos y yo podremos tener

los que quisiéremos; veníos esta noche a tratar del uno, que tiempo nos queda para los otros. Mi primo va por vos; poneos una mascarilla para que no os vea, y no le habléis, que mientras yo viviere no habéis de ser vista ni oída. En las ventas de Torrejoncillo os espero; veníos luego, que no están los tiempos para esperar en Ventas. Dios os guarde y os dé más hijos que a mí.»

Andrea   ¿Hay tal bestia?

Isabel   Dime agora
                        bien de aqueste majadero.

Antonio   Sí haré, que no es disparate
                        el que viene dicho a tiempo.
                        Don Lucas es hoy marido,
                        y para empezar a serlo,
                        ha dicho su necedad
                        como tal, porque, en efecto,
                        no es marido quien no dice
                        un disparate primero.
(Dale una mascarilla.) La mascarilla está aquí.

Andrea   Y está en el zaguán don Pedro.

Antonio   Pues póntela antes que sube.

Isabel   Si esto ha de ser, obedezco.

(Pónese la mascarilla.)

Andrea   Llamaron.

Isabel (Aparte.)   (¡Llegó mi muerte!)

Antonio	Abre la puerta.
Andrea (Aparte.)	(Esto es hecho.)

(Salen don Pedro y Cabellera.)

	Sea usted muy bien venido.
Antonio	Don Pedro, guárdeos el cielo.
Pedro	Seáis, señor don Antonio, bien hallado.
Antonio	¿Venís bueno?
Pedro	Salud traigo, ¿y vos?
Antonio	Sentáis.
Pedro	Perdonadme, que no puedo; que me ha ordenado don Lucas que llegue y no tome asiento, que os pida su esposa a vos y que se la lleve luego.
Isabel (Aparte.)	(¡Cielo! ¿Qué es esto que miro? ¿Éste no es el caballero a quien le debí la vida?) ¡Andrea!
Andrea	¿Qué hay? ¿Qué tenemos?
Isabel	Éste es el que te contaba

que tengo amor.

Andrea   Yo te entiendo.
¿éste es quien te dio la vida,
como me dijiste?

Isabel   El mesmo.

Andrea   ¿Y éste a quien quieres?

Isabel   También.

Andrea   Si éste es primo de tu dueño,
¿qué has de hacer?

Isabel   Morir, Andrea.

Pedro   Aunque no merezca veros,
si las conjeturas ven,
divina Isabel, ya os veo;
más sois vos que vuestra fama;
mal haya el que lisonjero,
yendo a pintaros perfecta,
aún no os retrató en bosquejo.
Hermosa enigma de nieve,
que el rostro habéis encubierto
para que no os adivinen
ni los ojos ni el ingenio;
jeroglífico difícil,
pues cuando voy a entenderos,
cuanto solicito en voces,
tanto acobardo en silencios;
permitid vuestra hermosura...
mas no hagas tal, que más quiero

ver esa pintura en sombras
que haber de envidiarla en lejos;
claro cielo, Sol y rayo
que está esa nube tejiendo,
venid a Toledo a ser
el más adorado objeto
que supo lograr Cupido
en los brazos de Himeneo;
la voz de don Lucas habla
en mi voz; yo soy quien, ciego,
a ser intérprete vine
de aquel amor extranjero;
y pues sois rayo, alumbrad
entre sombras y reflejos;
pues sois cielo y Sol, usad
de vuestros claros efectos;
jeroglífico, explicaos;
enigma, dad a entenderos,
pues descubriéndoos seréis
con una causa, y a un tiempo,
el jeroglífico, el rayo,
el Sol, la enigma y el cielo.

Andrea   Discreto parece el primo.

Isabel   Advertid, señor don Pedro,
que se ha ido vuestra voz
hacia vuestro sentimiento;
doña Isabel es mi nombre,
no doña Alfonsa, y no quiero
que allá le representéis
y ensayéis en mí el requiebro,
y aunque el favor me digáis
por el que ha de ser mi dueño,

no os estimo la alabanza
que me hacéis; vedme primero
y creeré vuestras lisonjas
creyendo que las merezco;
pero sin verme, alabarme,
es darme a entender con eso,
o que yo soy presumida,
tanto, que pueda creerlo,
o que don Lucas y vos
tenéis un entendimiento.

Pedro   Pues el Sol, aunque se encubra
entre nubes, no por eso
deja de mostrar sus rayos
tan claros, si no serenos;
el iris, ceja del Sol,
más hermoso está y más bello
cuando entre negros celajes
es círculo de los cielos;
más sobresale una estrella
con la sombra; los luceros,
porque esté oscura la nube,
no por eso alumbran menos;
perfume el clavel del prado,
en verde cárcel cubierto,
por las quiebras del capillo
da a leer sus hojas luego.
Pues, ¿qué importa que esa nube
agora no deje veros,
si habéis de ser como el iris,
clavel, estrella y lucero?

Antonio   Doña Isabel, ¿qué esperamos?
A la litera.

29

Pedro	Teneos, que vos no habéis de salir de Madrid.
Antonio	¿Por qué, don Pedro?
Pedro	Porque no quiere mi primo.
Antonio	Pues decidme: ¿Cómo puedo dejar de ir a acompañar a mi hija? Demás de eso, que si yo no se la doy, y lo que ordena obedezco, ¿cómo me podrá dar cuenta de lo que yo no le entrego?
Pedro	Todo eso está prevenido; ves ese papel que os dejo, con que no necesitáis de partiros.
Antonio	Ya le leo. ¿Qué es esto? ¿Papel sellado?

(Abre un pliego de papel sellado.)

Andrea (Aparte.)   (¿Qué será?)

Cabellera (Aparte.)   (Yo no lo entiendo.)

(Lee don Antonio.)

Antonio	«Recibí de don Antonio de Salazar una mujer, para que lo sea mía, con sus tachas buenas o malas, alta de cuerpo, pelimorena y doncella de facciones, y la entregaré tal y tan entera, siempre que me fuere pedida por nulidad o divorcio. En Toledo, a [7] de septiembre de [1625] años. Don Lucas del Cigarral, Toledo»
Isabel	¿Para mí carta de pago?
Antonio	Don Pedro, este caballero, ¿piensa que le doy mujer o piensa que se la vendo?
Cabellera	Pues yo sé que va vendida doña Isabel.
Andrea	Yo lo creo.
Antonio	Yo quiero ver a don Lucas en las ventas; vamos luego. Ven, Isabel.
Isabel (Aparte.)	(¡A morir! ¡Valedme piadosos cielos!)
Pedro	Aunque esté vuestra pintura en borrón, tiene unos lejos dentro, que el alma retrata, que casi son unos mesmos.
Isabel (Aparte.)	(¡Quién pudiera descubrirse!)
Pedro (Aparte.)	(¡Quién viera su rostro!)

Isabel (Aparte.)	(¡Cielos, que nave halló la tormenta en las bonanzas del puerto!)
Antonio	Ea, Isabel, a la litera.
Andrea	Ve adelante.
Cabellera	Allá te espero.
Antonio (Aparte.)	(Yo lo erré.) ¡Vamos!
Isabel	Ya voy.
Antonio	¿Qué esperáis?
Pedro	Ya os obedezco.
Isabel (Aparte.)	(¡Si fuese yo la que quiere!)
Pedro (Aparte.)	(¡Si éste es mi perdido dueño!)
Antonio	Mas si don Lucas es rico, ¿qué importa que sea necio?

(Vanse.)

[En las ventas de Torrejoncillo]

(Salen don Luis y Carranza, criado.)

Carranza	¿No me dirás, don Luis, adónde vamos? Ya en las ventas estamos del muy noble señor Torrejoncillo,

o del otro segundo, Peralvillo,
pues aquí la hermandad mesonitante
asaetea a todo caminante.
Don Luis, habla, conmigo te aconseja.
¿No me dirás qué tienes?

Luis   Una queja.

Carranza   ¿A qué efecto has salido de la corte?
En estas ventas, di, ¿qué habrá que importe
para tu sentimiento?
Di, ¿qué tienes señor?

Luis   Desvalimiento.

Carranza   Deja hablar afeitado,
y dime: ¿a qué propósito has llegado
a estas ventas? Refiéreme, en efecto:
¿qué vienes a buscar?

Luis   Busco mi objeto.

Carranza   ¿Qué objeto? Habladme claro, señor mío.

Luis   Solicito mi llama a mi albedrío.

Carranza   ¿No acabaremos y dirás qué tienes?

Luis   ¿Quieres que te procure mis desdenes?

Carranza   A oírlos en tu prosa me sentencio.

Luis   Y en fin, han de salir de mi silencio.

Carranza	Dilos, señor.
Luis	Pues a mi voz te pido

que hagas un agasajo con tu oído.
Carranza amigo, yo me hallé inclinado,
costóme una deidad casi un cuidado;
mentalmente la dije mi deseo;
aspiraba a los lazos de Himeneo,
y ella, viendo mi amor enternecido,
se dejó tratar mal del dios Cupido.
Su padre, que colige mi deseo,
en Toledo la llama a nuevo empleo,
y hoy sale de la corte
para lograr, indigno, otro consorte;
por aquí ha de venir, y aquí la espero;
convalecer a mi esperanza quiero,
dando al labio mis ímpetus veloces,
a ver qué hacen sus ojos con mis voces,
Isabel es el dueño,
verdad del alma y alma de este empeño,
la que con tanto olvido
a un amante ferió por un marido.
Suspiraré, Carranza, ¡vive el cielo!,
aunque me cueste todo un desconsuelo;
intimaréla todo mi cuidado,
aunque muera de haberle declarado;
culparé aquel desdén que el pecho indicia,
aunque destemple airada la caricia;
mas si los brazos del consorte enlaza,
indignaréme con el amenaza;
mis ansias, irritado, airado y fiero,
trasladaré a las iras del acero,
que es descrédito hallarme yo corrido,
quedándose mi amor tan desvalido.

Ésta es la causa porque de esta suerte
yo mismo vengo a agasajar mi muerte;
de suerte que, corrido, amante y necio,
vengo a entrar por las puertas del desprecio;
con vuelo que la luz penetrar osa,
galanteo mi muerte, mariposa;
porque en este desdén, que amante extraño,
me suelte mi albedrío el desengaño,
y en este sentimiento,
mi elección deje libre mi tormento,
y para que Isabel desconocida,
logre mi muerte, pues logró su vida.

Carranza   Oí tu relación, y maravilla
                que con cuatro vocablos de cartilla,
                todos impertinentes,
                me digas tantas cosas diferentes.

Luis   Gente cursa el camino. ¿Si ha llegado?

Carranza   ¿Qué es cursa? ¿Este camino está purgado?

(Voces dentro.)

I   ¡Ah de la venta!

II   ¡Ala!

I   ¡Ah, seor ventero!
                ¿Hay qué comer?

II   No faltará carnero.

I   ¿Es casado usted?

35

II	Más ha de treinta.
I	Según eso, ¿carnero hay en la venta?
III	Huésped, así su nombre se celebre, véndame un gato que parezca liebre.
II	¡Ala!
I	¿Qué hay?
II	Mentecato, compra al huésped, que es liebre y tira a gato.
Carranza	Una dama y un hombre miro.
Luis	Quedo, espérate, que vienen de Toledo.
Carranza	Nada, pues, te alborote.
I	¿Dónde van Dulcinea y don Quijote?
II	¿Dónde han de ir? Al Toboso, por la cuenta.
Lucas	¡Voy al infierno!
I	Eso es la venta.
Luis	¡Raro sujeto es éste que ha llegado!
Carranza	Aquéste es un don Lucas, un menguado, de Toledo.

| I | ¡Ah, seor huésped! Si le agrada, |
| | écheme ese fiambre en ensalada. |

| II | Si va a Madrid la ninfa a estar de asiento, |
| | en la Calle del Lobo hay aposento. |

| III | Pues a fe que es mujer de gran trabajo. |

| Lucas | ¡Pues voto a Jesucristo, si me bajo, |
| | que han de entrar en la venta por la posta! |

| II | ¡Gua, gua! |

| I | ¡Que la ha tenido don Langosta! |

| Lucas | ¡Mentís, canalla! |

| Carranza | Agora ha echado el resto. |

| Lucas | Apeaos, doña Alfonsa; acabad presto, |
| | porque quiero reñir. |

| Alfonsa | Detente, espera; |
| | que me dará un desmayo que me muera. |

| I | Doña Melindre, déjele. |

| Lucas | ¿Qué espero? |
| | Matarélos, a fe de caballero. |

| Alfonsa | Detente, hermano. |

| Lucas | Vínome la gana. |

(Salen don Lucas y doña Alfonsa.)

Téngame cuenta usted con esta hermana.

Luis   ¿No ve usted que es vaya?

Carranza   Uced se tenga.

Lucas   ¡Conmigo no ha de haber vaya ni venga!
                        ¡Gentecilla!

II   ¡Gua, gua!

Luis   Tened templanza.

I   ¡Envaine vuesarced, señor Carranza!

Lucas   ¿A mí, Carranza, villanchón malvado?

Carranza   Yo soy Carranza, y soy muy hombre honrado;

(Empuña la espada Carranza.)

                        que yo también me atufo y me abochorno.

Lucas   ¡Mientes tú y cinco leguas en contorno!

Carranza   ¡Sáquela!

Luis   Téngase, que ya me enfada.

Lucas   Déjeme darle solo esta estocada.

Luis	Tened.
Lucas	Yo he de tirarle este altibajo.
Luis	No me desperdiciéis este agasajo.
Lucas	No os entiendo.
Alfonsa	¡Señor, mira...!
Luis	Repara que es mi sirviente.
Lucas	¡Fuera!

(Dentro.)

Pedro	¡Para!
Todos	¡Para!
Luis	Una litera entró y podéis templaros.
Lucas	Aunque entre un coche, tengo de mataros.

(Salen don Pedro, don Antonio, Cabellera, Andrea y doña Isabel con mascarilla.)

Pedro	¿Qué es esto?
Alfonsa	Tente, hermano; detente.
Lucas	No me vayan a la mano.

Antonio	¿Con quién riñe?
Luis	Con éste, mi criado.
Antonio	¡Con un pobre criado así indignado! Don Lucas, débaos yo aquesta templanza.
Lucas	Yo pensé que reñía con Carranza.
Luis	Envainad, pues os logro tan templado.
Lucas	Primero ha de envainar vuestro criado.
Carranza	La espada desempuño y obedezco.

(Envainen.)

Lucas	Envaino la de Ortuño.
Isabel	Andrea, ¡qué mal hombre!
Andrea	¡Qué hosco y negro!
Lucas	Por mi cuenta, señor, vos sois mi suegro.
Antonio	Vuestro padre seré.
Pedro (Aparte.)	(¡Muero abrasado!)
Alfonsa (Aparte.)	(¡Don Pedro! ¿Qué ser que no me ha hablado? Mas también puede ser que no me vea.)

Isabel	Doña Alfonsa es aquélla, amiga Andrea.
Luis	Ésta es doña Isabel.
Carranza	Callar intenta.
Andrea	¡Don Luisillo también en la venta!
Luis	No puedo resistirme.
Isabel	¡Que hasta aquí haya venido a perseguirme!
Lucas	¿Y hala visto mi primo?
Antonio	Ni la ha hablado.
Lucas	¿Vino siempre cubierta?
Antonio	Así ha llegado.
Lucas	Y en fin, ¿me quiere bien?
Antonio	Por vos se muere.
Lucas	¿Y la puedo decir lo que quisiere?
Antonio	Sí, podéis.
Lucas	¿Puedo?
Pedro	Sí; obligarla intenta.
Lucas	Pues, así os guarde Dios, que tengáis cuenta.

Un amor que apenas osa
a hablaros, dice fiel,
que, una de dos, Isabel:
o sois vea o sois hermosa.
    Si sois hermosa, se acierta
en cubrir cara tan rara,
que no ha de andar vuestra cara
con la cara descubierta.
    Si fea, el taparos sea
diligencia bien lograda,
puesto que, estando tapara,
nadie sabrá si sois fea.
    Que todos se han de holgar, digo,
con vos si hoy hermosa os ven;
mas si os ven fea, también
todos se holgarán conmigo.
    Pues estaos así, por Dios,
aunque os parezca importuno;
que no se ha de holgar ninguno
ni conmigo ni con vos.

Isabel   ¿Qué hombre es éste, Andrea?

Andrea   El peor
                   que he visto, señora mía.

Antonio   ¡Qué necedad!

Luis   ¡Grosería!

Lucas   ¿No me habláis?

Isabel   Digo, señor,
                   que debo agradecimiento

42

a ansias y pasiones tales
pues en vos admiro iguales
el talle y entendimiento.
      La fama que vos tenéis,
por ser quien sois, os aclama;
pero no dijo la fama
tanto como merecéis.
      Y así, la muerte resisto
tarde, pues quiero decir
que, en viéndoos, pensé morir,
y ya muero habiéndoos visto.

Lucas   ¡Lindo ingenio!

Antonio   Así lo crea
         vuestra pasión prevenida.

Lucas   ¿Qué decís?

Pedro   Que es entendida,
         y debe de ser muy fea.

Alfonsa   Haz que el rostro se descubra,
         hermano, si verla intentas.

Lucas   Dejádmela brujulear,
         que pinta bien.

Alfonsa   ¡A qué esperas?

Lucas   Isabel, hacedme gusto
         de descubriros, y sea
         la máscara el primer velo
         que cortáis a la modestia;

43

que están aquí debatiendo
si sois fea o no sois fea,
y si acaso sois hermosa,
no es justicia que yo tenga
mancilla en el corazón,
porque no tengáis vergüenza.

Isabel   Lo que son en vos preceptos,
han de ser en mí obediencia.
Yo me descubro.

(Quítase la mascarilla Isabel.)

Lucas   ¡Llenóme!
Don Antonio, a fe, de veras
que hacéis excelentes caras.

Antonio   Era su madre muy bella.

Pedro (Aparte.)   (¡Vive Dios!, que es Isabel
a quien en la rubia arena
de Manzanares un día
libré de la muerte fiera.)

Lucas   ¿Qué os parece la fachada,
primo mío? Hablad.

Pedro   Que es buena.

Isabel (Aparte.)   (Ya me conoció don Pedro,
porque son los ojos lenguas.)

Pedro   Y a ti, ¿qué te ha parecido,
doña Alfonsa?

Alfonsa	Que es muy fea.
Pedro (Aparte.)	(Eres mujer, y no quieres que alaben otra belleza.)
Lucas	Pensando estoy qué deciros después que os vi descubierta, que no sé lo que me diga. ¡Pedro!
Pedro	¿Señor?
Lucas	Oyes, llega y di por la boca verbos, o lo que a ti te parezca. Háblala del mismo modo como si yo mismo fuera. Dila aquello que tú sabes de luceros y de estrellas, tierno como el mismo yo, hasta dejarla muy tierna, que, cubierto, yo me atrevo a hablar como una manteca, pero en mi vida he sabido hablar tierno a descubiertas.
Pedro	¿Yo he de llegar?
Lucas	Sí, primillo, con mi propio poder llegas.
Pedro	¿Con qué alma la he de decir los requiebros y ternezas,

si es fuerza que haya de hablar
con la tuya?

Lucas   Con la vuestra.
Señora, allá va un Perico.
No hay sino teneos en buenas,
y advertid que los requiebros
que os dijere, los requiebra
con mi poder; respondedle
como si a mi propio fuera.
Empezad.

Pedro   Ya te obedezco.

Isabel (Aparte.) (¡Déme mi dolor paciencia!)

Andrea (Aparte.) (¡Lindo empleo hizo Isabel!)

Pedro   Amor alas tiene, vuela,
surgió la nave en el puerto,
halló el piloto la estrella,
dio el arroyo con la rosa,
salió el arco en la tormenta,
gozó el arado la lluvia,
hallaron al Sol las nieblas,
rompió el capillo la flor,
encontró el olmo la hiedra,
tórtola halló su consorte,
el nido el ave ligera,
que esto y haberos hallado,
todo es una cosa mesma.
Bien haya ese velo o nube,
que piadosamente densa,
porque no ofendiese al Sol,

detuvo a la luz perpleja.
Yo he visto nacer el día
con clara luz y serena
para castigar el prado,
o ya en sombras o ya en nieblas;
yo he visto influir al Sol
serenidades diversas
para engañar al mar cano
con una y otra tormenta;
pero engañarme con sombras
y herir con luz, es destreza
que ha inventado la hermosura
que es de las almas maestra;
vos sois más que aquello, más
que cupo en toda mi idea,
y aún más que aquello que miro,
si hay más en vos que más sea;
que tan iguales se añudan
en vos ingenio y belleza,
vuestro donaire tan uno
se ha unido con la modestia,
que si rendirme no más
que a la hermosura quisiera,
el ingenio me ha de hacer
que del ingenio me venza;
si del donaire el recato,
es quien igual me sujeta,
porque, como estas virtudes
están unidas, es fuerza
que o no os quiera por ninguna,
o que por todas os quiera.

Lucas   Aprieta la mano, Pedro,
que eso es poco.

Pedro   Hermosa hiena,
que halagaste con voz blanda
para herir con muerte fiera,
¿cómo, decidme, de ingrata,
soberbiamente se precia,
quien me ha pagado una vida
con una muerte sangrienta?
Desde el instante que os vi
se rindieron mis potencias
de suerte...

Isabel   Mirad, señor,
que es grosería muy necia
que me vendáis un desprecio
a la luz de una fineza.
No entra amor tan de repente
por la vista; amor se engendra
del trato, y no he de creer
que amor que entra con violencia
deje de ser como el rayo:
luz luego, y después pavesa.

Pedro   No engendra el amor el trato,
Isabel, que si eso fuera,
fuera querida también,
siendo discreta, una fea.

Isabel   El trato engendra el amor,
y para que la experiencia
lo enseñe, si no hay agrado,
es cierto que no hay belleza;
el agrado es hermosura;
para el agrado es de esencia

	que haya trato, luego el trato es el que el amor engendra.
Pedro	Con trato amor, yo confieso que es perfecto; mas se entienda que amor puede haber sin trato.
Isabel	Pero, en fin, amor se acendra en el trato.
Pedro	Decís bien.
Isabel	Pues si es ansí, luego es fuerza que os quede más que quererme, si más que tratarme os queda.
Lucas (Aparte.)	(No me agradan estos tratos.)
Pedro	Concedo esa consecuencia, mas ya os trata amor, si os oye, ya os quiere amor.
Lucas (Aparte.)	(Mucho aprieta.)
Isabel	¿Y me queréis?
Pedro	Os adoro; solo falta que yo vea vuestra amor.
Isabel	Diréle el tiempo.
Pedro	No le deis al tiempo treguas, teniendo vos vuestro amor.

Isabel	Pues como a mi esposo es fuerza quereros.
Pedro	Seré dichoso.
Isabel	Esta mano, que lo es vuestra, lo dirá.
Lucas	No es sino mía,

(Tómala la mano don Lucas.)

> Y es muy grande desvergüenza
> que os toméis la mano vos
> sin dármela a mí la Iglesia.
> Primillo, fondo en cuñado,
> idos un poco a la lengua.

Pedro	¡Si yo hablaba aquí por vos!
Lucas	Sois un hablador, y ella es también otra habladora.
Isabel	¡Si vos me disteis licencia!
Lucas	Sí, pero sois licenciosa.
Pedro	Como tú dijiste que era poco lo que la decía...
Lucas	Poco era, ¿quién lo niega? Mas ni tanto ni tan poco.

Alfonsa (Aparte.)	(¡Que ella le hablase tan tierna y que él la adore tan fino!)
Lucas	¡Doña Alfonsa!
Alfonsa	¿Qué me ordenas?
Lucas	Llevaos con vos esta mano.

(Dale la mano de doña Isabel.)

Alfonsa	Sí haré, y pido que me tengas por tu amiga y servidora.
(Aparte.)	(...y tu enemiga.)
Lucas	En Illescas me he de casar esta noche.
Alfonsa	Hasta ir a Toledo espera, para que don Pedro y yo nos casemos, y allí sean tu boda y la mía juntas.
Isabel (Aparte.)	(Antes quiera Amor que muera.)
Lucas	Señora mía, no estoy para esperaros seis leguas.
Luis (Aparte.)	(Muerto estoy.) A acompañaros iré, con vuestra licencia, y celebrar vuestra boda. Yo soy don Luis de Contreras, vuestro servidor antiguo.

Lucas	No os conozco en mi conciencia.
Luis	Y amigo de vuestro padre.
Lucas	Sed su amigo norabuena, pero no habéis de ir conmigo.
Cabellera	Llega el coche.
Andrea	La litera.
Luis	Yo he de ir con vos.
Lucas	¡Voto a Dios que me quede en esta venta!
Luis	Ya me quedo.
Lucas	¡Gran favor!
Isabel (Aparte.)	(Muerta voy.)
Cabellera (Aparte.)	(¡Linda bestia!)
Alfonsa (Aparte.)	(Muriendo de celos parto.)
Pedro (Aparte.)	(¡Que esto mi dolor consienta!)
Antonio (Aparte.)	(¡Que esto mi prudencia sufra!)
Isabel (Aparte.)	(¡Que esto influyese mi estrella!)
Lucas	Alfonsa, ¿guardas las manos?

Alfonsa	Sí, señor.
Lucas	Pues tened cuenta: ¡Entre bobos anda el juego! Pedro, entrad.
Pedro	¡Cielos, paciencia!
Lucas	Guárdeos Dios, señor don Luis.

(Vanse. Queda don Luis.)

Luis	Allá he de ir aunque no quiera.

Fin de la primera jornada

Jornada segunda

[En la venta de Illescas.]

(Salen don Pedro, en jubón con sombrero, capa y espada, y Cabellera, medio
desnudo, por el patio del mesón.)

Cabellera   ¿Adónde vas, señor de esta manera,
                   medio desnudo?

Pedro   Calla, Cabellera,

Cabellera   A las dos de la noche, que ya han dado,
                   de mi media con limpio me has sacado,
                   y discurrir no puedo
                   dónde agora me llevas.

Pedro   Habla quedo.

Cabellera   Si hemos de ir fuera, aquí miro cerrada
                   la puerta principal de la posada.

Pedro   No ha sido ése mi intento.

Cabellera   Pues ¿adónde hemos de ir?

Pedro   A este aposento.

Cabellera   Don Lucas aquí duerme recogido,
                   que se oye en todo Illescas el ronquido;
                   doña Alfonsa, su hermana
                   duerme en otra alcobilla a él cercana.

Pedro   ¿Y el padre de Isabel?

Cabellera	Duerme a aquel lado en aquel aposento.
Pedro	¿Está cerrado?
Cabellera	Cerrado está; di lo que quieres, ea.
Pedro	¿Y dónde está doña Isabel? ¿Y Andrea?
Cabellera	En esta sala están.
Pedro	Ven poco a poco. que la tengo de hablar.
Cabellera	Si no estás loco, que has de perder el seso he imaginado. ¿Qué es esto? ¿Tú, señor, enamorado de una mujer que serlo presto espera de don Lucas?
Pedro	Sí, amigo Cabellera.
Cabellera	Ten, señor, más templanza. ¿Tú faltar de tu primo a la confianza? ¿Cómo, tú enamorado de repente?
Pedro	Más anciano es el mal de mi accidente; siglos ha que padezco un mal eterno.
Cabellera	Yo tuve tu accidente por moderno; pero, si tiene tanta edad, más sabio; quiero saber tu pena de tu labio; dime tu amor, que ya quiero escucharle.

Pedro	¿Qué intentes con oírle?
Cabellera	Disculparle.
Pedro	¿Me ayudarás después?
Cabellera	Soy tu criado.
Pedro	¿Oyenos alguien?
Cabellera	Todo está cerrado.
Pedro	¿Tendrás secreto?
Cabellera	Ser leal intento.
Pedro	Pues escucha mi amor.
Cabellera	Ya estoy atento.

Pedro   Era del claro julio ardiente día,
Manzanares al soto presidía,
y en clase que la arena ha fabricado,
lecciones de cristal dictaba al prado,
cuando, al morir la luz del Sol ardiente,
solicito bañarme en su corriente;
en un caballo sendas examino,
y a la Casa del Campo me destino.
Llego a su verde falda,
elijo fértil sitio de esmeralda,
del caballo me apeo,
creo la amenidad, el cristal creo,
y apenas con pereza diligente

la templanza averiguo a la corriente,
cuando, alegres también como veloces,
a un lado escucho femeniles voces.
Guío a la voz los ojos, prevenido,
y solo la logré con el oído;
piso por las orillas, y tan quedo,
que pensé que pisaba con el miedo,
más la voz me encamina y más me llama;
voy apartando la una y otra rama,
y en el tibio cristal de la ribera,
a una deidad hallé de esta manera;
todo el cuerpo en el agua, hermoso y bello,
fuera el rostro, y en roscas el cabello;
deshonesto el cristal que la gozaba,
de vanidad al soto la enseñaba;
mas si de amante el soto la quería,
por gozársela él todo, la cubría;
quisieron mis deseos diligentes
verla por los cristales transparentes,
y al dedicar mis ojos a mi pena,
estaba, al movimiento de la arena,
ciego o turbio el cristal, y dije luego:
«¡Quién con esta deidad ha de estar ciego!»
Turbio el cristal estaba,
y cuanto más la arena le enturbiaba,
mejor la vi; que al no ver la corriente,
sola era su deidad lo transparente,
no el río, que al gozar tanta hermosura,
él es quien se bañaba en su blancura.
Cubría, para ser segundo velo,
túnica de cambray todo su cielo,
y solo un pie movía el cristal blando;
sin duda imaginó que iba pisando;
pero cuando, sin verse, se mostraba,

un plumaje del agua levantaba
del curso propio con que se movía.
Veíale entre el cristal y no le veía,
que distinguir no supo mi albedrío
ni cuándo era su pie ni cuándo el río.
Procuraban, ladrones, mis enojos
robar sus perfecciones con los ojos
cuando en pie se levanta, todo hielo,
cubre el cristal lo que descubre el velo;
recatóme en las ramas dilatadas;
prevenidas la esperan sus criadas,
dícenla todas que a la orilla pase,
y nada se dejó que yo robase,
y en fin, al recogerla,
tiritando salió perla por perla,
y yo dije abrasado:
«¡Oh, qué bien me parece el fuego helado!»
Sale a la orilla, donde verla creo;
pónenseme delante, y no la veo;
enjúgala el halago prevenido
la nieve que ella había derretido,
cuando un toro, con ira y osadía,
que era día de fiestas este día,
desciende de Madrid al río, y luego,
más irritado, sí, que no más ciego,
quiere cruel, impío,
de coraje beberse todo el río;
bebe la blanca nieve,
bebe más, y su misma sangre bebe.
El pecho, pues, herido, el cuello roto,
parte a vengar su injuria por el soto,
las cortinas de ramas desabrocha.
Sacude con la coz a la garrocha,
y a mi hermosa deidad vencer procura;

que se quiso estrenar con la hermosura.
Huyen, pues, sus criadas con recelo,
y ella se honesta con segundo velo;
que, aunque el temor la halló desprevenida,
quiso m s el recato que la vida.
Yo, que miro irritarse al toro airado,
de amor y de piedad a un tiempo armado,
indigno la pasión, librarla espero,
y dándole advertencias al acero,
osadía y pasión a un tiempo junta;
el corazón le paso con la punta,
que ni un bramido le costó la muerte.
Conoce que a mi amor debe la vida,
honestamente la hallo agradecida;
entra dentro del coche y yo la sigo;
cierra luego la noche,
entre otros, con lo oscuro, pierdo el coche,
búscala y no la encuentra mi cuidado;
voyme a Toledo, donde, enamorado,
le dije mis finezas con enojos
a aquel retrato que copié en los ojos.
Quéjome solo al viento;
procúrame mi primo un casamiento,
la ejecución de sus preceptos huyo;
voy a Madrid a efectuar el suyo,
vuelvo con Isabel, inunca volviera!,
cubre el rostro Isabel, inunca le viera!,
pues dice mi esperanza, hoy más perdida
que es Isabel a la que di la vida,
por valor o por suerte,
que es Isabel la que me da la muerte;
y en fin, amante sí, y no satisfecho,
a vengar con mis voces este agravio;
salga esta calentura por el labio,

sepa Isabel de mí mi cruel tormento,
asusten mis suspiros todo el viento,
sean agora, que Isabel me deja,
intérpretes mis voces de mi queja;
suceda todo un mal a todo un daño,
válgame un riesgo todo un desengaño;
agora la he de hablar, verla porfío;
déjame que use bien de mi albedrío
deja que a hablarla llegue,
para que esta tormenta se sosiegue;
déjame que la obligue,
para que este cuidado se mitigue,
y porque, al referir pena tan fiera,
mi gloria dure y mi tormento muera.

Cabellera   Tu relación he escuchado,
y, por Dios que me lastimo
que se enamore quien tiene
tan lindos cinco sentidos.
¿Tú, señor, enamorado?

Pedro   Es el sujeto divino.

Cabellera   Y tú, muy lindo sujeto;
pero puesto que has venido
a hablar con doña Isabel,
llega falso y habla fino,
pero no andarás muy falso
con don Lucas, que es tu primo,
pues tú la amabas primero
y él hasta ayer no la ha visto,
y en llegando a enamorarse
un hombre a todo albedrío,
no hay hermano para hermano,

ni hay amigo para amigo.
Pues si un hermano no vale,
¿cómo ha de valer un primo,
que es parentesco de negros?
Todos están recogidos
los huéspedes del mesón.
¿Llamaré?

Pedro   Llama quedito.

Cabellera   No sea que el huésped no sienta,
que es el huésped más cocido
que hay en Illescas, y siente
dentro en su casa un mosquito.

Pedro   Oyes, ¿viste anoche entrar
a un don Luis, que se hizo amigo
de don Lucas?

Cabellera   Embozado
tras la litera se vino,
y anoche tomó posada
en el mesón.

Pedro   ¿Y has sabido
a qué viene?

Cabellera   Galantea
a Isabel; que así lo dijo
su criado a otro criado,
y aqueste criado mismo
a otro criado después,
como criado fidedigno,
se lo contó, y él a mí;

yo agora a ti te lo aviso,
que no sirve quien no cuenta
lo que ha visto y que no ha visto.

Pedro   Pues, con amor y con celos,
a un tiempo me determino
a hablar a Isabel.

Cabellera   Pues manos
al amor, amo y amigo. Llego.

Pedro   No llegues, espera;
que están abriendo el postigo
por de dentro.

Cabellera   Dices bien.

Pedro   ¿Qué será?

Cabellera   No lo he entendido.

(Salen doña Isabel, media desnuda, y Andrea, por otro aposento.)

Isabel   No me detengas, Andrea.

Andrea   ¿Dónde vas?

Isabel   A dar suspiros
a los cielos de mis quejas.

Andrea   Témplate.

Isabel   No espero alivio.

Andrea	¿Qué intentas?
Isabel	Buscar mi padre.
Andrea	Está agora recogido.
Isabel	Ven a despertarle, Andrea; que no ha de ser dueño mío don Lucas.
Andrea	¿Resuelta estás?
Pedro	Arrímate.
Cabellera	Yo me arrimo.
Andrea	¿Y si no quiere tu padre?
Isabel	No es dueño de mi albedrío.
Andrea	Pues, ¿quién ha de ser tu esposo?
Isabel	Don Pedro ha de serlo mío, o ninguno lo ha de ser; si no es que, desconocido, a Alfonsa quiere.
Pedro (Aparte.)	(¡Pedidme albricias, alma y sentidos!)
Andrea	Vuélvete a dormir.
Isabel	No puedo.

Cabellera (Aparte.)   (Cenó poco. No me admiro.)

Isabel   ¿En qué aposento hallaré
a mi padre?

Andrea   No le he visto
recoger; yo no lo sé;
en habiendo amanecido
podrás hablarle.

Isabel   No alargues
plazos a un dolor prolijo;
don Pedro ha de ser...

(Tópela cara a cara.)

Pedro   Don Pedro,
infelice dueño mío,
ha de ser quien os adore
tan amante y tan rendido,
que han de ser alma y potencias
lo menos que un serafín...

Isabel   ¿Quién es?

Pedro   Quien no os ha ganado
cuando ya os hubo perdido;
el que os ha granjeado a penas,
el que os mereció a suspiros,
el que os solicita a riesgos,
el que os procura a cariños.

Isabel   Hablad quedo y ved que estamos...

Pedro	Templar la voz no resisto,
	que ésta es la voz de mi amor,
	y está mi amor encendido.
Isabel	Señor, don Pedro, si oísteis
	la verdad del dolor mío,
	si aun no os ha costado un ruego
	la compasión de un cariño,
	no os llaméis tan infeliz
	como decís, pues yo he dicho
	acaso que tengo amor,
	y ya vos lo habéis sabido.
	Dejad para el desdeñado
	la queja; llámese el digno
	feliz, e infeliz se llame
	el que nunca ha merecido.
	Yo sí que soy desdichada,
	pues os quiero y lo repito,
	y estando vivo el amor,
	tengo a los celos más vivos.
	Ya habréis templado, con verme,
	el mal de no haberme visto;
	éste si es mal, pues que tiene,
	viéndoos más, menos alivio.
	Doña Alfonsa ha de ser vuestra;
	con que viene a ser preciso
	que no lo pueda yo ser,
	ni pueda llamaros mío.
	Ella es quien dice que os quiere;
	con que yo naturalizo
	a mis bastardos temores,
	que son de mis celos hijos.
	Mirad, pues, cuál de los dos
	el más infeliz ha sido,

pues vos lográis un amor
y yo unos celos concibo.

Pedro

¿Yo, Isabel, no tengo celos?
¿Yo, decís vos, que mi libro
de una verdad que la cubro
con la sombra de un indicio?
¿No es la flor Clicie don Luis
que, constante a los peligros,
está acechando los rayos
de vuestro oriente vecino?
¿No viene a amaros, señora?
¿No viene tras vos? ¿No he visto
que os quiere?

Isabel

¿Y quién es el Sol?
No con falsos silogismos
me arguyáis, cuando estáis vos
respondiéndoos a vos mismo.
Si es la Clicie flor don Luis,
¿cuándo el Sol la Clicie quiso?
¿Cuándo, para desdeñarla,
no es cada rayo un aviso?
Si soy, Sol, como decís,
¿cuándo mis rayos no han sido
para desdenarle ardientes
y para abrasarle tibios?
¿Qué os daña a vos que él me quiera,
pues veis que yo no le estimo?
Mucho más florece el premio
de la competencia al viso.
Al clavel quiere la rosa,
y él está desvanecido
de ver que le hayan premiado

con competencias de lirio;
olmo que abrazó la hiedra
está más agradecido
de ver que, siendo él distante,
se olvidase del vecino.
Ansí, ¿qué importa que amante,
constante, atento y activo,
me quiera don Luis a mí,
si con ver un amor mismo
en los dos, con ser a un tiempo
tan constantes como finos,
sois el preferido vos
y es él el aborrecido?

Pedro   Luego, aunque me quiera a mí
doña Alfonsa, no hay indicio
para celos.

Isabel   Sí le hay,
porque vos no me habéis dicho
que no la queréis, y yo
que aborrezco a don Luis digo.

Pedro   Pues yo solo quiero a vos.

Isabel   Que no me alarguéis os pido,
con el amor, si después
me matáis con el olvido;
que mucho peor será
si no le tenéis fingirlo,
que si le tenéis, callarle;
pues por más decente elijo
que me ocultéis vuestra llama
y os halle después más fino,

	que no hallarme aborrecida,
	pensando que me han querido.
Pedro	Pulid el bruto diamante
	de mi amor, en cuyos visos
	haréis clara experiencias
	del fondo del dolor mío.
Isabel	Pues elíjase un remedio
	para evitar los designios
	de mi padre.
Andrea	¡Ce, señores!
Pedro	¿Qué es lo que dices?
Andrea	Que miro
	abrir aquel aposento.
Pedro	¿Cúyo es?
Andrea	El de don Luisillo.
Pedro	¿Dónde irá?
Andrea	Habrá madrugado
	[para tomar el camino]
	antes que amanezca.
Cabellera	Es cierto.
Isabel	Pues, señor, yo me retiro;
	no me va.

Pedro	Bien eliges.
Isabel	Quédate adiós, dueño mío.
Pedro	En fin, ¿me querrás?
Isabel	Soy tuya.
Pedro	¿Y don Luis?
Isabel	Es mi enemigo. ¿Y Alfonsa?
Pedro	Mátela amor.
Cabellera	Acabad, ¡cuerpo de Cristo!, que está don Luis en el patio.
Isabel	Pues yo me voy, ven conmigo.
Cabellera	Señor, entra tú también, porque don Luis ha salido, y puede verte al pasar a tu aposento, y colijo que no puede juzgar bien de verte a esta hora vestido.
Isabel	Mira, don Pedro...
Pedro	¿Qué importa que esté un instante contigo en tanto que este don Luis sale fuera?

Andrea	Bien ha dicho. Luz tienes y eres honrada; que él te quiere bien he oído, y los que son más amantes son los menos atrevidos.
Isabel	Pues cierra.
Andrea	La puerta cierro.
Pedro	Tú, quédate aquí escondido, pues no importa que te vea.
Cabellera	Obedecerte es preciso.
Andrea	Lo dicho, dicho, lacayo.
Cabellera	Fregona, los dicho, dicho.

(Éntranse en el aposento de doña Isabel los tres, queda Cabellera fuera, y salen don Luis y Carranza.)

Carranza	A media noche, señor, ¿dónde vas?
Luis	Nada te espante. Voy a intimar a mi amante la justicia de mi amor.
Carranza	No alcanzo tu pensamiento.
Luis	Huella quedo.
Carranza	¿No dirás

dónde a estas horas vas?

Luis   Solicito su aposento.

Carranza   Ten cordura, ten templanza.
                ¡Que esto un hombre cuerdo intente!
                ¿Y si don Lucas te siente?

Luis   No me aconsejes, Carranza.

Carranza   Durmiendo todos agora,
                con un mismo sueño igualo;
                no seas Arias Gonzalo
                si está hecho el mesón Zamora.
                    De verla no es ocasión,
                y ésta en que la vas a hablar
                solo es hora de buscar
                a la moza del mesón.

Luis   A dedicar almas mil
                vengo, a la luz pro quien veo,
                porque nunca yo flaqueo
                de ese accidente civil.

Carranza   Si ello ha de ser, vamos, pues,
                mitiga tu sentimiento.

Luis   ¿Sabes cuál es su aposento,
                Carranza amigo?

Carranza   Éste es.
                Anoche se recogió
                en este aposento.

Luis	Y di, ¿estás cierto en esto?
Carranza	Sí.
Luis	Pues llama.

(Llame Carranza a otro aposento que esté enfrente del de Isabel.)

¿Responde?

Carranza	No.
Luis	Otra vez puedes volver a llamar, por si despierta.
Carranza	Llamo.

(Dentro.)

Alfonsa	¿Quién anda en la puerta?
Luis	¿Ésta no es voz de mujer? ¿Quién será?
Carranza	Isabel sería.
Luis	¿Si es Andrea?
Carranza	No, señor, que yo conozco mejor su voz que la propia mía.
Luis	Dudoso en la voz estoy.

Carranza	No es Andrea, señor.
Luis	Pues, si no es Andrea, ella es.

(Sale doña Alfonsa medio desnuda.)

Alfonsa	¿Quién llamaba aquí?
Luis	Yo soy.
Alfonsa	¿Quién sois?
Cabellera (Aparte.)	(Abrieron la puerta.)
Luis	Dueño hermoso de mi vida, quien os procuró dormida y os ha logrado despierta. soy quien con fuego veloz...
Alfonsa (Aparte.)	(Que es don Pedro he imaginado; como habla disimulado, no le conozco en la voz).
Luis	...trocar procura en caricias halagos de un ciego dios; soy el que viene tras vos.
Alfonsa (Aparte.)	(Don Pedro es; ¡amor, albricias!)
Luis	Soy quien os quiere tan fiel...
Alfonsa	¿Pues cómo si eso es así,

no me hablasteis cuando os vi?

Luis (Aparte.) (Tiene razón, Isabel.)
    No hagáis, desatenta, enojos
las que obré finezas sabio,
pues lo que dictaba el labio
representaban los ojos.

Alfonsa   Perdonad, que recelé,
que es desconfiada quien ama,
que mirabais a otra dama.

Luis Es verdad que la miré;
    pero puesto su arrebol
de esa luz en la presencia,
conocí la diferencia
que hay de la tiniebla al Sol.

Alfonsa   Por lisonja tan dichosa
premios mi verdad ofrezca;
mas como yo os lo parezca,
no quiero ser más hermosa.
    Creer quiero lo que decís
y valerme del consuelo.

Cabellera (Aparte.) (Doña Alfonsa, ¡vive el cielo!,
es la que habla con don Luis.
    Buena es la conversación;
que es éste don Luis ignora.
¡Cosa que le diese agora
algún mal de corazón!)

Luis   Sola una ocasión deseo
en que yo pueda mostrar...

Alfonsa	Don Lucas ha de estorbar nuestro amor.
Luis	Así lo creo; pero podéis estar cierta que no ha de lograr su intento, pues cuando este casamiento...

(Dentro.)

Lucas	¡Hola! ¿Quién anda en la puerta?
Luis	¿Quién es?
Alfonsa	¡Don Lucas! ¿Qué haré?
Cabellera (Aparte.)	(¡Sentido los ha, por Dios!)
Luis	¿Don Lucas está con vos?
Alfonsa	¿Pues, dónde queréis que esté?
Luis	¡Daré quejas a los cielos! ¿Así premiasteis mi amor? ¿Cómo...?
Alfonsa	¿Qué es esto, señor? ¿De don Lucas tenéis celos?
Luis	Yo he de ver...
Alfonsa	Tened templanza.

Carranza	No es tiempo de hacer extremos. Vente.
Alfonsa	Adiós, luego hablaremos.

(Vase doña Alfonsa.)

Luis	¿Qué es esto, amigo Carranza?
Carranza	En la ceniza hemos dado con el amor.
Luis	Ven tras mí.
Carranza	¿Sale ya don Lucas?
Luis	Sí.
Carranza	¡Por Dios, que se ha levantado!
Luis	Perdí famosa ocasión.

(Vanse don Luis y Carranza.)

Cabellera	Pulgas lleva el don Luisillo; pero no me maravillo, que hay muchas en el mesón. A dormir de buena gana me fuera. Señor, no hay gente.

(Llama a la puerta por donde entró don Pedro.)

Sal presto; pero, detente...

(Sale don Lucas, medio vestido, ridículamente, con espada y una luz, por el
aposento de Alfonsa.)

Lucas   ¡El diablo está en Cantillana!
                              ¿Quién está aquí?

(Ve a Cabellera y él vuelve la cara.)

Cabellera (Aparte.)   (Ya me vio;
                              a mi fortuna maldigo.)

Lucas   ¡Hombre ordinario! ¿Qué digo?
                              ¿Quién sois, hombrecillo?

Cabellera   Yo.

(Vuelve la cara Cabellera y quiere irse.)

Lucas   ¿Qué es yo? Con eso no salva
                              una cuchillada. ¡Fuera!
                              ¡Diga quién es!

Cabellera   Cabellera,
                              al servicio de tu calva.

Lucas   ¿Qué haces aquí?

Cabellera (Aparte.)   (¿Qué diré?)
                              Digo... Estaba... Porque yo...

Lucas   ¿Llamaste a mi puerta?

Cabellera   No.

Lucas	Pues, ¿quién llamó?
Cabellera	No lo sé.
Lucas	¿Viste abrir la puerta?
Cabellera	Sí.
Lucas	¿Y quién era conociste?
Cabellera	No, señor.
Lucas	¿Y a qué saliste?
Cabellera	Señor, a tu voz salí.
Lucas	¿Era hombre el que llamaba?
Cabellera	Sí, señor.
Lucas	¿Vístele?
Cabellera	No.
Lucas	¿Adónde entró?
Cabellera	¿Qué sé yo?
Lucas	¡Esto está peor que estaba?

      Discurro: ¿no puede ser
que quien fue, con mal intento,
por llamar a mi aposento,
llamase al de mi mujer?
      ¿Y que el que a llamar se atreve,

luego que abriesen la puerta,
dijese, en viéndola abierta:
«Acójome acá, que llueve?»
    Pero si puede ser, yo intento,
con gallardas osadías,
entrar a hacer de las mías
y visitar su aposento,
    y darle presumo un izas!
de buen modo, si le encuentro.

(Va a la puerta don Lucas, por donde entró don Pedro.)

Cabellera (Aparte.)   (¡Por Cristo, que va allá adentro!)
                         ¡Ah, señor! ¿Adónde vas?

Lucas   A visitar mi mujer.

Cabellera (Aparte.)   (¿Cómo lo podré impedir?)
                         Mira que nos hemos de ir
                         y que quiere amanecer.

Lucas   ¿Qué importa eso?

(Va a la puerta.)

Cabellera (Aparte.)   (Allá se arroja;
                         así le he de divertir.)
                         Señor, ¿quiéresme decir
                         de qué maestro es mi hoja?
                             Que no hay desde aquí a Sevilla
                         quien la sepa conocer.

(Saca la espada.)

Luis   ¿Ahora?

Cabellera   Ahora la has de ver.

Lucas   De Francisco Ruiz Patilla.

Cabellera (Aparte.)   (¡Que ahora no salga el aznazo
de don Pedro!) Es un espejo
la espada; diz que es del viejo.

Lucas   Del mozo es este recazo.
Quédate aquí.

(Dale la espada y va a la puerta.)

Cabellera (Aparte.)   (No remedia
nada, y su intento no evito.)
Ansí, de las que has escrito,
¿quieres leerme una comedia?

Lucas   ¿A media noche?

Cabellera   Es verano.

Lucas   Pues, ¿adónde la oirás?

Cabellera   En aquel pozo, y serás
poeta samaritano.
  La que se ha de hacer cien días,
según dices?

Lucas   Hela aquí.

(Saque una comedia.)

Oye un paso que escribí
entre Herodes y Herodías.

Cabellera   Será famoso.

Lucas   Sí, a fe.
Pero ver primero intento
quién llamaba a mi aposento.

(Hace que se va al aposento.)

Cabellera   Señor, yo fui el que llamé.

Lucas   Si eras tú, yo me concluyo.
¿Y a qué llamaste, si eras?

Cabellera   Llamaba a que me leyeras
algún trabajillo tuyo,
si no dormías acaso.
(Aparte.)   (Don Pedo, así, me ha de oír.)
¡Ahora es tiempo de salir!

(Dice recio este verso.)

Lucas   ¿Quién ha de salir?

Cabellera   El paso.
Di los versos.

Lucas   Son valientes;
Lope es conmigo novel.
Sale Herodes, y con él,
cuatrocientos inocentes.

(Asómanse Andrea y don Pedro a la puerta.)

Pedro   Agora a salir me obligo,
                         aunque allí está.

Andrea   ¿Sales?

Pedro   Sí.

Cabellera   ¡Vaya, señor!

Lucas   Dice ansí...
                 ¿Quién anda en aquel postigo?

(Velos don Lucas y cierran la puerta.)

Pedro   ¡Él me vio! ¡Cierra la puerta!
                         ¡Cierra!

(Cierran y tórnanse a entrar.)

Andrea   ¡Nací desdichada!

Lucas   ¿Conmigo la hacen cerrada?
                         ¡Pues yo la he de hacer abierta!

Cabellera (Aparte.)   (¡Vive Dios!, que no salió.)

Lucas   ¡Cabellera!

Cabellera (Aparte.)   (Él ha de hallarle.)
                         ¿Quieres entrar a matarle?
                         Responde.

Lucas	No, sino no.
	Llama a la puerta.

(Llama Cabellera.)

Andrea	¿Quién llama?

Lucas	¿Ésta es la criada?

Cabellera	Sí.

Lucas	¡Hola, criada! Abre aquí
	al marido de tu ama.

Andrea	Entrad.

(Abre.)

Lucas	Entra tú primero;
	morirá, a fe de cristiano.

Cabellera	Pon la daga en la otra mano
	y dame ese candelero;
	que yo he de morir contigo.

(Dale don Lucas la luz a Cabellera.)

Lucas	Esa luz puedes llevar.

Cabellera (Aparte.)	(Ansí lo he de remediar.)
	¿No me sigues?

Lucas	Ya te sigo.

Cabellera	Voy enojado.
Lucas	Voy ciego.
Cabellera (Aparte.)	(Adelante, industria mía.)
Lucas	¿Adulterio el primer día? ¡Entre bobos anda el juego!

(Éntranse. Salen don Pedro y doña Isabel, turbados.)

Isabel	¿Entró don Lucas?
Pedro	Entró, desnudo el airado acero.
Isabel	Detrás de aquella cortina te esconde.
Pedro	No me resuelvo. Diré que tu esposo soy.
Isabel	Échasme a perder con eso; escóndete, dueño mío.
Pedro	Advierte...
Isabel	Escóndete presto, que llegan.
Pedro	No me porfíes.
Isabel	Mira, señor...

Pedro   Estoy ciego.

Isabel   Haz esto por mí, [señor].

Pedro   Isabel, ya te obedezco.

(Escóndese detrás de una cortina. Salen don Lucas y Cabellera con el candelero.)

Lucas   Alumbra, mozo.

Cabellera   Ya alumbro.

Lucas   ¿Quién está en este aposento?

Isabel   ¿Qué es esto, señor don Lucas:
                         ¿Cómo vos, tan descompuesto,
                         alteráis de mi quietud
                         el recatado silencio?

Lucas   ¿Qué hacéis, Isabel, vestida,
                         a estas horas?

Isabel   En el lecho
                         desvelada, y no desnuda,
                         estaba esperando el tiempo
                         de partir; y vos, airado
                         y ciego... ¿Cómo resuelto
                         os entráis de esta manera?

Lucas   ¿Y qué hombre estaba aquí dentro?

Isabel   ¿Estáis en vos?

86

Lucas	Sí, señora, y estoy en vuestro aposento, y le he de ver de pe a pa. Alumbra, hermano; miremos detrás de aquesta cortina.
Cabellera	Has dicho muy bien, yo llego.

(Cae en el suelo Cabellera, fingiendo que tropezó, y mata la luz.)

                              ¡Jesús!

Lucas	¿Qué ha sido?
Cabellera	Caer y matar la luz a un tiempo.
Lucas	Trae otra.
Cabellera	Tengo quebrado un pie.

(Aparte a don Pedro.)   (Sal, señor).

(Sale don Pedro detrás de la cortina, con la mano delante.)

Pedro (Aparte.)   (Yo pruebo
                 a salir, puesto que agora
                 no hay luces.)

Lucas   ¡Ah, señor Nieto!
                 Pues es huésped, traga luces.
                 Ponerme a la puerta quiero;
                 no sea que estando a escuras

se salga el que está acá dentro.

(Vase a la puerta y pónese en ella, y al salir don Pedro tope con él, y sale don Lucas.)

Isabel (Aparte.)   (¡Válgame Dios! ¿Qué he de hacer?)

Lucas   ¿Quién anda aquí?

Pedro (Aparte.)   (¡Vive el cielo,
que he topado con don Lucas!)

Lucas   Topé un hombre.

Cabellera (Aparte.)   (Peor es esto,
porque al salir, es sin duda
que ha topado con don Pedro;
quiero decir que soy yo
y llegarme.)

(Llégase cara con cara con su amor.)

Lucas   Diga luego,
quién es.

Cabellera   Yo, que voy por luces.

Lucas   Mentís, que es de mejor pelo
a quien yo tengo.

Cabellera   Señor,
yo soy.

Lucas   Ahora lo veremos.

¡Luces!

(Dentro.)

Mesonero   ¿Andan los demonios
                          en el mesón?

(Hace fuerza don Pedro para soltarse.)

Lucas   ¡Estaos quedo!

(Salen don Luis y doña Alfonsa con luces.)

Alfonsa   Luz hay aquí.

Luis   Y aquí hay luz.

Isabel (Aparte.)   (¿Qué miro? ¡Válgame el cielo!)

Lucas   «Verbum caro factum est.»
                          Pues, ¿qué hacéis aquí, don Pedro?

Pedro   Señor, mirar por tu honor,
                          y mirar por lo que debo
                          mirar, que tú eres mi sangre.

Lucas   Dejas esos miramientos
                          y decid qué hacéis aquí.

Luis   ¡Ea, responded, don Pedro!

Lucas   ¿Quién os mete en eso a vos?
                          ¿Sois mi sombra, caballero?

Luis	Soy vuestra luz, pues la traigo,.
Lucas	Pues llevaos la luz, os ruego, que yo no la he menester. ¿Adónde vais?
Luis	A Toledo.
Lucas	Pues yo me vuelvo a Madrid, solamente por no veros.
Luis	Sois ingrato, ¡vive Dios! Yo me voy.

(Vase don Luis.)

Lucas	No soy más de esto. ¡Válgate el diablo el don Luis!
Alfonsa	Don Lucas, decid: ¿qué es esto?
Lucas	Don Pedro está aquí encerrado.
Alfonsa	¿Vos lo encontrasteis?
Lucas	Yo mesmo.
Alfonsa	Pues ¿a qué entró?
Lucas	¿Qué sé yo?
Alfonsa	¿Quiere a Isabel?
Lucas	Lo sospecho,

pues yo le he hallado escondido
agora.

Alfonsa   ¡Válgame el cielo!

(Finge que la da el mal de corazón y cae sobre un taburete.)

Cabellera   Dióle el mal.

Lucas   Tenla esa mano
y tírale bien del dedo
del corazón. ¿No hay quién traiga
manteca?

Isabel   Sí, yo la tengo.

Lucas   Pues, id por ella.

Isabel   Yo voy.
(Aparte.)   (Llamaré de allí a don Pedro.)

(Vase doña Isabel.)

Cabellera   ¡Qué gran mal! ¡Pobre señora!

Luis   ¿Veis, primo, lo que habéis hecho?
Tenedla esta mano vos,
porque voy a mi aposento
por la uña de la gran bestia.

(Vase don Lucas y don Pedro tómala la mano.)

Cabellera   Ponga su uña, que es lo mesmo.

Pedro	¿Fuese?
Cabellera	Sí.
Pedro	¿Qué hemos de hacer?
Cabellera	Luego trataremos de eso; requiebra a la desmayada, si entra don Lucas, más tierno, porque crea que la quieres, que esto importa.
Pedro	Y eso intento.
Cabellera	Él viene ya.
Pedro	Doña Alfonsa, mi luz, mi divino cielo, no le disfracéis turbado si he de gozarle sereno. A vos os quiero, señora.

(Sale doña Isabel.)

Isabel (Aparte.)	(¿Qué es lo que escucho?)
Pedro	Creed esto, que solo a vuestra hermosura se consagran mis deseos; el alma sois por quien vivo, vos sois la luz que quien veo.
Isabel	Pues, traidor, falso, atrevido, ¡viven mis ardientes celos!,

dioses que hoy, en mi coraje,
tienen la corona y cetro,
que he de pagarte en venganzas
cuanto cobro en escarmientos.
Don Luis ha de ser mi esposo,
porque, aunque yo le aborrezco,
por vengarme de ti solo,
vengarme en mí misma apruebo.
¡Quédate!

Pedro   Espera, señora,

(Deja a la desmayada.)

y advierte que estos requiebros
los pronuncio con el labio
y los finjo con el pecho.
Díjelos porque don Lucas
entendiese que la quiero,
no porque a ti no te adore.
¡Escúchame!

Isabel   No te creo,
que, no estando aquí, no vienen
esas disculpas a tiempo.

Cabellera (Aparte.)   (¡Si aqueste desmayo fuera
fingido, estábamos buenos!)

Pedro   Señora, solo eres tú
el alma por quien aliento,
la muerte por quien yo vivo
y la vida por quien muero.
¡Escucha!

Isabel	No tengo oídos.
Pedro	Repara bien...
Isabel	Ya te dejo.
Pedro	Que solo te quiero a ti, que a doña Alfonsa aborrezco.

(Levántese doña Alfonsa del desmayo fingido.)

Alfonsa	Pues, ¡vive el cielo!, cruel, falso, ingrato, lisonjero, que has de decir, de las dos, a cuál adoras, supuesto que a ella le mientes finezas y a mí me finges requiebros.
Cabellera (Aparte.)	(El desmayo era fingido. ¡Todo el infierno anda suelto!)
Alfonsa	¡Di a quién quieres!
Isabel	¡Eso aguardo!
Pedro	Mirad...
Alfonsa	¿En qué estás suspenso?
Isabel	¿Me quieres?
Pedro (Aparte.)	(¿Qué la diré?)
Alfonsa	¿Me aborreces?

94

Pedro (Aparte.)	(¿Qué haré, cielos?)
Isabel	¿Qué te elevas?
Alfonsa	¿Qué te turbas?
Isabel	¿Quién merece tu desprecio?
Alfonsa	¿Quién es dueño de tu amor?
Pedro	Yo digo...
Cabellera (Aparte.)	(¡Bueno la ha hecho!)
Pedro (Aparte.)	...que quiero... (A la una agravio si a la otra favorezco.)
Alfonsa	¿Éstas eran las finezas con que anoche en mi aposento dijiste que me adorabas?
Pedro	¿Yo en tu aposento? ¿Qué es esto?
Isabel	¡A Alfonsa quieres, traidor!
Alfonsa	¡Doña Isabel es tu dueño!
Isabel	¡Hoy has de probar mis iras!
Alfonsa	¡Hoy has de ver mi escarmiento!
Pedro	Doña Alfonsa...
Alfonsa	No te escucho.

Pedro	Doña Isabel...
Isabel	Soy de fuego.
Pedro	Mirad...

(Sale don Lucas.)

Lucas	Ya está aquí la uña.
Cabellera (Aparte.)	(La bestia ha llegado a tiempo.)
Lucas	¿Estás sosegada?
Alfonsa	No.
Lucas	Pues, ¿qué sientes?
Alfonsa	Un desprecio.
Lucas	¿Qué es esto, Isabel?
Isabel	No sé.
Lucas	Tú, di tu mal.
Alfonsa	Soy de hielo.
Lucas	Tú, dime tu pena.
Isabel	Es grande.
Lucas	¿No hay remedio?

Isabel	Es sin remedio.
Lucas	Don Pedro, dime: ¿qué sientes?
Pedro	No tiene voz mi tormento.
Lucas	¿No lo he de saber?
Alfonsa	Sabrásle.
Lucas	¿No me le dirás?
Isabel	No puedo.
Lucas	Isabel, a la litera; Alfonsa, el coche está puesto; Pedro, el rucio está ensillado; en Cabañas nos veremos.
Alfonsa (Aparte.)	(¡Quejas, que muero de amor!)
Isabel (Aparte.)	(¡Iras, que rabio de celos!)
Lucas (Aparte.)	(Honra, ¿qué andáis titubeando?)
Pedro (Aparte.)	(Dudas, ¿qué andáis discurriendo?)
Lucas (Aparte.)	(¡Pero yo lo sabré todo que entre bobos anda el juego!)

(Vanse todos.)

Fin de la segunda jornada

Jornada tercera

[En el camino cerca de Cabañas entre Madrid y Toledo]

(Salen don Antonio y don Lucas.)

Lucas   Ten ese macho, mulero,
que es un poquillo mohino.

Antonio   ¿Dónde fuera del camino
me sacáis?

Lucas   Hablaros quiero.

Antonio   Pues, ¿a qué nos apartamos
del camino? ¿Qué queréis?

Lucas   Suegro, agora lo veréis.

Antonio   Ya estamos solos.

Lucas   Sí, estamos.
¿Viene el coche?

Antonio   Se quedó
más de una legua de aquí.

Lucas   ¿Queréis escucharme?

Antonio   Sí.

Lucas   ¿Habéis de enojaros?

Antonio   No.

Lucas	¿Oís bien?
Antonio	¿No lo sabéis?
Lucas	Quiero hablar quedo.
Antonio	Hablad quedo.
Lucas	Ultimadamente, ¿puedo hablar a bulto?
Antonio	Podéis. ¿Tenéis que hablar mucho?
Lucas	Mucho. ¿Replicaréis cuando yo estuviere hablando?
Antonio	No.
Lucas	Pues, escuchad.
Antonio	Ya os escucho.
Lucas	Yo soy, señor don Antonio de Contreras, un hidalgo bien entendido, así, así, y bienquisto, tanto cuanto; soy ligero luchador, tiro una barra de a cuarto, y aunque pese cuarto y libra, a más de cuarenta pasos; soy diestro como el más diestro,

espléndidamente largo,
por el principio atrevido
y valiente por el cabo;
de la escopeta en las suertes
salen mis tiros en blanco,
y puedo tirar con todos
cuantos hay, del rey abajo;
canto, bailo y represento,
y si me pongo a caballo,
caigo bien sobre la silla,
y de ella mejor si caigo;
si en Zocodover toreo,
me llaman el secretario
de los toros, porque apenas
llegan, cuando los despacho.
Conozco bien de pinturas,
hago comedias a pasto,
y como todos, también
llamo a los versos trabajos.
No soy nada caballero
de ciudad, soy cortesano,
y nací bien entendido,
aunque nací mayorazgo.
Pues mi talle no es muy lerdo,
soy delgado sin ser flaco,
soy muy ancho de cintura
y de hombros soy ancho.
Los pies, ansí me los quiero;
piernas, ansí me las traigo,
con su punta de lo airoso
y su encaje de estevado.
Yo me alabo, perdonad,
que esto importa para el caso,
y no he de hallar quien me alabe

en un campo despoblado.
En fin, discreto, valiente,
galán, airoso, bizarro,
diestro músico, poeta,
jinete, toreador, franco,
y sobretodo teniendo
de renta seis mil ducados,
que no es muy mala pimienta
para estos veinte guisados,
salgo a que Isabel merezca
estas gracias en sus brazos;
que nunca pensé, por Dios,
venderme yo tan barato,
y hallo que con vuestra hija
me disteis por liebre gato.

Antonio   ¡Advertid, que sois un necio!

Lucas   ¿No me oiréis?

Antonio   No he de escucharos;
mataros era más justo.

Lucas   Señor mío, no lo hagamos
pendencia; escuchad agora,
y vamos al cuento.

Antonio   Vamos.

Lucas   Lo primero: envié a decir
que saliese con cuidado
de Madrid y se pusiese
una máscara al recato,
y ella se puso por una

media mascarilla, tanto,
que se le vio media cara,
desde la nariz abajo;
lo segundo: os supliqué
que no vinierais, enviando,
de que Isabel admitía,
un recibo ante escribano,
y os vinisteis, no sabiendo
que yo he de vestirme llano,
pues la tela de mujer
no ha menester suegro al canto;
lo tercero: luego al punto
que me vio, se fue de labios
y me dijo mil requiebros
por mil rodeos extraños,
y una mujer, cuando es propia,
ha de andar camino llano;
que no ha de ser hablador
el amor que ha de ser casto;
más: arguyó con mi primo,
daca el trato toma el trato,
con que se le echa de ver
que es tratante a treinta pasos;
luego le dijo y le daba,
sin haberla nunca hablado,
los requiebros en mi nombre
y en causa propia la mano;
más: un don Luis se ha venido,
amante zorrero, al lado
por vuestra señora hija,
muy modesto, aunque muy falso;
y en Illescas, esta noche
hallé a mi primo encerrado
en la sala de Isabel,

y hoy, que a examinarle aguardo,
pregunto qué fue la causa
de haber anoche violado
el que ella llamaba templo
y vos nombraréis sagrado,
y díjome que allí oculto
estuvo, por ver si acaso
don Luis hablarla intentara,
para que su acero airado
feriara a venganzas nobles
aquellos celos villanos.

Antonio   ¿Y habló con don Luis?

Lucas   No habló;
pero es caso temerario
que haya de andar un marido
si la ha hablado o no la ha hablado.
¿Por una mujer y propia,
he de andar yo vacilando,
pudiendo por mi persona
tener mujeres a paso?
Ella, en fin, no es para mí.
Mujer que se haya criado
en Toledo es lo que quiero,
y aun que naciese en mi barrio;
mujer criada en Madrid,
para mi propia descarto,
que son de revés las unas
y las otras son de Tajo;
y, en efecto, don Antonio,
solo vengo a suplicaros
que os volváis a vuestra hija
a vuestra calle de Francos.

No he de casarme con ella
aunque me hicieran pedazos;
solos estamos los dos,
nadie nos oye en el campo.
Volveos a mi sá Isabel
a Madrid, sin enojaros,
que esto es entre padres e hijos,
que es algo más que entre hermanos;
y en llegando las sospechas
a andar tan cerca del casco,
en siendo los suegros turbios,
han de ser los yernos claros.

Antonio   Por cierto, señor don Lucas,
que un poco antes de escucharos
os tuve por majadero,
pero no os tuve por tanto.
¿Sabéis con quién habláis?

Lucas   Sí;
dadme mi carta de pago
y llevaos a vuestra hija.

Antonio   Con ella habéis de casaros
u os tengo de dar la muerte.
¿Qué dirán de mi honra cuantos
digan que a casarse vino?

Lucas   ¿Y qué dirán los criados,
que han sabido que don Luis
la anda siguiendo los pasos?

Antonio   Don Luis camina a Toledo.

Lucas	Pues, ¿cómo va tan de espacio, yendo Isabel en litera y él en mula?
Antonio	¿No está claro que es por llevar compañía, y no ir solo?
Lucas	Ése es el caso, que por no ir solo a Toledo, quiere ir acompañado.
Antonio	¿No decís que vuestro primo se encerró anoche en el cuarto de mi hija?
Lucas	Ansí lo digo, y él ansí me lo ha contado, para ver mejor si hablaba con él.
Antonio	Pues desengañaos, y logre esa diligencia quietudes a vuestro engaño. Si no es cómplice en su amor, ¿por qué queréis, indignado, pagarla en viles castigos cuanto debéis en halagos? Don Luis está ya en Toledo, porque ya se ha adelantado, y yo quedo con la queja y vos con el desengaño; templaos, don Lucas, prudente, que, ¡vive Dios!, que me espanto

que no tengáis entre esotras
la falta de ser confiado.

Lucas   ¿Cómo no? Sí tengo tal,
             que no soy tan mentecato
             que no sepa que merezco
             más que él, esto y otro tanto;
             pero díceme mi primo,
             que es un poco más cursado,
             que las mujeres escogen
             lo peor.

Antonio   Pues consolaos,
             que no tenéis mal partido
             si es verdadero el adagio.

Lucas   Ahora, señor don Antonio,
             vuelvo a decir que estoy llano
             a casar con vuestra hija,
             ya yo estoy desengañado;
             pero si acaso don Luis,
             amante dos veces zaino,
             vuelve a hacerse encontradizo
             con nosotros, no me caso.

Antonio   Pues yo admito ese partido.

Lucas   Yo vuestro precepto abrazo.

Antonio   Pues esperemos el coche
             en ese camino.

Lucas   Vamos;
             así, don Antonio, aviso

que si hubiere algún engaño
en el amor de don Luis,
que si él entra por un lado
a medias, como sucede
con otros más estirados,
me habéis de volver al punto
cuanto yo hubiere gastado
en mulas, coche, litera,
gastos de camino y carros;
que no es justicia ni es bien,
cuando yo me quedo en blanco,
que seamos él y yo,
él del gusto y yo del gasto.

Antonio   Dios os haga más discreto.

Lucas   No haga más, que ya he hecho harto.

(Vanse. Dentro ruido de cascabeles y campanillas y representan todo lo que
        se sigue dentro.)

I   ¡Arre, rucia de un puto; arre, beata!

II   ¡Dale, dale, Perico, a la reata!

I   ¡Oiga la parda cómo se atropella!

II   ¡Arre, mula de aquel hijo de aquélla!

Cabellera   ¡Va una carrera, cocherillo ingrato!

I   ¿Qué hace que no se apea y corre un rato?

Cabellera   ¿Adónde va el patán en el matado?

| I | A buscar voy a tu mujer, menguado. |

| Cabellera | Dígame, si va a vella, ¿cómo va tan despacio? |

| I | Tal es ella. |

| Antonio | Y él, ¿no deja a sus hijos con el cura? |

| II | ¿Para qué? Aquí hay montón. |

| Cabellera | Pues, ¿qué hay? |

| Todos | Basura. |

| Músicos | «Mozuelas de la corte, todo es caminar, unas va a Huete y otras a Alcalá.» |

| Cabellera | ¡Para, cochero; el coche se ha volcado! |

| I | El cibicón del coche se ha quebrado. |

| II | Pues, ¿qué importa? |

| Andrea | ¡Qué lindo desahogo! |

| Alfonsa | Sáquenme a mí primero, que me ahogo. |

| Cabellera | Paren esa litera. |

| Cochero | ¡Para, para! |

| Andrea | ¡Quebróse la redoma de la cara! |

(Salen doña Isabel y Andrea.)

Isabel   ¡Volvióse el coche!

Andrea   ¡En hora mala sea!

Isabel   Don Pedro saca a doña Alfonsa, Andrea.
                 ¿Qué espero? Ya su amor se ha declarado.

Andrea   ¿Si le dará otro mal como el pasado?

Isabel   ¿Cómo mis iras se hallan más templadas?

Andrea   Previniéndola están dos almohadas
                 en tanto que aderezan una rueda.

Isabel   ¿Queda más que saber?

Andrea   Aún más te queda.

Isabel   Ya doña Alfonsa en ellas se ha sentado.

Andrea   Don Pedro en la litera te ha buscado,
                 y como no te halla, yo recelo
                 que te viene a buscar.

Isabel   Pues, ¡vive el cielo!,
                 que yo no le he de hablar.

(Hace que se va Isabel. Salen don Pedro y Cabellera.)

Pedro   Oye, detente,
                 no quieras...

Isabel	Déjame.
Pedro	...tan impaciente malograr mi verdad.
Isabel	No hay quien la crea.
Pedro	Ruégala que me escuche, amiga Andrea; abona tú mi fe.
Isabel	Nada te abona.
Cabellera	Enternécete, dura faraona.
Pedro	Iras y pasos detén.

Isabel

Cruel, diestro, engañador,
que amagas con el amor
para herir con el desdén,
¿quién es tan ingrato, quién?
¿Quién fue tan desconocido
que para haber conseguido
una tan fácil victoria
resuscite una memoria
con la muerte de un olvido?
    Y pues tus engaños veo,
delincuente el más atroz,
¿para qué hiciste tu voz
cómplice de tu deseo?
Si sabes que no te creo,
si conoces mi razón,
¿por qué quiso tu pasión,
viendo que es mayor agravio,

hacer delincuente al labio
de lo que erró el corazón?
   Y ya que tan falso eras,
y ya que no me querías,
di, ¿para qué me fingías?
¿Pídote yo que me quieras?
Tu amor hicieras, y fuera
poco fino, solo un daño
sintiera: mi desengaño;
mas tal mis ansias se ven,
que, mucho más que el desdén,
vengo a sentir el engaño.
   No me habléis, y mis enojos
menos airados verás
que se irritan mucho más
mis oídos que mis ojos;
quiero vencer los despojos
de mi amor, si te oigo a veces,
y tanto al verte mereces
que, aunque has fingido primero,
solo miro que te quiero
y no oigo que me aborreces.
   Mas vete, que he de argüir,
cuando me quiera templar,
que a mí no me puede amar
quien a otra sabe fingir.
Ya yo te he llegado a oír
que a tu prima has de querer,
y aquél que llegare a ser
en mi amor el preferido
aun no ha de decir fingido
que procura otra mujer.
   A Alfonsa dices que quieres,
a mí dices que me adoras;

por una, fingiendo, lloras,
y por otra, amando, mueres.
Pues ¿cómo, si no prefieres
tu voluntad declarada,
creerá mi pasión errada
cuando es la tuya fingida,
que soy yo la preferida
y es Alfonsa la olvidada?

   Pues témplese este accidente;
que no es justicia que acuda
a una tan difícil duda
un amor tan evidente;
porque es más fácil que intente,
menos airado y más sabio,
siendo tan grande el agravio
a vista de mis enojos,
dar lágrimas a los ojos,
que evidencias a tu labio.

   Quiere, adora a Alfonsa bella,
y sea yo la olvidada,
porque ya estoy bien hallada
con tu olvido y con mi estrella;
yo soy la infelice, y ella
quien te merece mejor;
y pues tuve yo el error
de haberte querido, es bien
que pague con el desdén
lo que erré con el amor.

   Y vete agora de aquí,
porque no es justicia, no,
que tenga la culpa yo
y te dé la queja a ti.

Pedro   Hermosa luz, por quien vi,

alma por quien animé,
deidad a quien adoré,
no hagas con ciega venganza
que pague tu desconfianza
lo que no ha errado mi fe.
    Deja esa pasión, que dura
en tus sentidos inquieta,
y no seas tan discreta
que no creas tu hermosura.
Tú misma a ti te asegura;
imagínate deidad,
y creerás mi verdad;
usa bien de tus recelos
y cría para estos celos,
por hijo, a la vanidad.
    A doña Alfonsa prefieres
bien como el lirio a la rosa;
mas ¿qué importa ser hermosa,
si no presumes lo que eres?
Sé como esotras mujeres;
ten conmigo más pasión;
haz de ti satisfacción;
sé, divina, más humana;
que a ti, para ser más vana
te sobra más perfección.

Isabel   Esa prudente advertencia
con que tu pasión me ayuda
es buena para la duda,
mas no para la evidencia.
Ella dijo en mi presencia
que tú en su cuarto has estado
anoche, que la has hablado;
pues ¿cómo, si esto es verdad,

con toda mi vanidad
sosegaré a mi cuidado?
  Y cuando eso fuera, di,
di, cuando con ella estabas,
¿no te oí decir que amabas
a doña Alfonsa?

Pedro   Es ansí.

Isabel   ¿Tu no lo confiesas?

Pedro   Sí,
                mas fingido mi amor fue.

Isabel   Y cuando te pregunté
                a cuál de las dos querías,
                ¿por qué no me respondías?

Pedro   Oye por qué.

Isabel   Di por qué.

Pedro   Porque es grosería errada,
                nunca al labio permitida,
                despreciar la aborrecida
                en presencia de la amada;
                bástela verse olvidada
                sin que oyese aquel desdén;
                bástela quererte bien,
                sin que al ver desprecio tal,
                la venga a pagar tan mal
                porque me quiso tan bien.

Isabel   Pues galán no quiero agora,

que, por no dejar corrida
a aquélla de quien se olvida,
no hace un gusto a la que adora.
Vete.

Pedro   Escúchame, señora;
que agradezca no te espante
ver que me ame tan constante,
pero a ti te he preferido.

Isabel   Pues si estás agradecido,
cerca estás de ser amante.

Pedro   Oye, señora, y verás...

Isabel   No he de oírte.

Pedro   Aguarda, espera.

Cabellera   Don Luis abrió la litera,
y mira si en ella estás.

Pedro   ¿Y agora también dirás
que no te tiene afición?

Isabel   Daré la satisfacción.

Pedro   Tampoco te he de creer.

Isabel   ¿Quieres echarme a perder
con los celos mi razón?
    Pues no ha de valerte, no;
despreciarle pienso aquí.

Pedro   ¿Yo he de escucharle?

Isabel   Sí.
               ¡Don Luis!

(Dentro.)

Luis   ¿Quién me llama?

Isabel   Yo.

Andrea   Él viene acá, ya te oyó.

Isabel   Escóndete entre esos ramos.

Cabellera   La satisfacción oigamos.

Isabel   Yo he de quedar con recelos,
               y tú has de quedar sin celos.

Cabellera   Ven, señor, que llega.

Pedro   Vamos.

(Escóndense y sale don Luis.)

Luis   Al cariño de tu voz
               no vengo, divina ingrata,
               como otras veces solía,
               a consagrar vida y alma;
               a ser escarmiento vengo
               de mi amor, a ser venganza
               de tu desdén, a ser duda
               de mis propias esperanzas;

fiera al paso que divina,
cruel al paso que blanda,
que me matas con los celos
y con el desdén me halagas;
yo soy el que mereció
sacrificarse a tus llamas,
si no ciega mariposa,
atrevida salamandra;
yo soy aquél que te quiso
y aquél soy a quien agravias,
el que, como el girasol,
aspiró tus luces tardas;
el que anoche en tu aposento
logró, ¡nunca los lograra!
de tus labios más favores
que tú quejas de mis ansias;
y cuando a tan fino amor
a tan fingidas palabras
encubridora la noche
secretamente mediaba,
cuando un «sí» llegó a mi oído
llegó un premio a mi esperanza.
recójome a mi aposento,
y cuando pensé que estaba
don Lucas dentro del suyo,
que a veces la voz engaña,
oigo en otro cuarto voces,
tomo luz, busco la causa,
y hallo, ¡ay Dios!, que con don Pedro
tu fe y mi lealtad agravias.
¿Para esto me diste un «sí»?
¿Para esto, dime, premiabas
un amor que le he sufrido
al riesgo de una esperanza?

No quiero ya tus favores;
logre don Pedro en tus aras
las ofrendas por deseos
que amante y fino consagra;
bastan tres años de enigmas,
tres años de dudas bastan;
desengáñenme los ojos
con ser ellos quien me engañan;
ya el «sí» que me diste anoche
no lo estimaré.

Isabel   Repara
que yo no te he hablado anoche.
¿Dónde o cómo?

Luis   Ya no falta
sino que también me niegues
que me diste la palabra
de ser mi esposa; si piensas
que la he de admitir, te engañas.

Isabel   ¿Yo te hablé anoche?

Luis   ¿Esto niegas?

Isabel   Mira...

Luis   Mis celos, ¿qué aguardan?
Solo vengo a despedirme
de mi amor; quédate, falsa;
tus voces ya no las creo,
tu amor ya me desengaña.
A Madrid vuelvo corrido,
vuélvase el alma a la patria;

del desengaño halle el puerto
quien navegó en la borrasca.
Razón tengo, ya lo sabes;
celos tengo, tú los causas,
y si dudosos obligan,
averiguados, agravian.

Isabel   Espera...

Luis   Voyme.

Pedro (Aparte.)   (¡Ah, cruel!)

Isabel   Mira...

Luis   Déjame, traidora.

(Vase don Luis. Salen don Pedro y Cabellera.)

Pedro   Pídeme celos agora
de doña Alfonsa, Isabel.
   Habla. ¿Qué te ha suspendido?
No finjas leves enojos;
di que no han visto mis ojos,
di que está incapaz mi oído.
   Resuelto a escucharte estoy.
¿Qué puedes ya responder?
¿Con qué has de satisfacer
mis celos?

Isabel   Con ser quien soy.

Pedro   Pues ¿cómo puedes negar
que estuviste, ¡gran tormento!,

con don Luis en tu aposento?
Respondedme.

Isabel   Con callar.

Pedro   Isabel ingrata, di,
                 —¡fuego en todas las mujeres!—
                 ¿cómo niegas que le quieres?

Isabel   Con decir que te amo a ti.

Pedro   ¿No entró?

Isabel   A callar me sentencio;
                 un bronce obstinado labras.

Pedro   ¿No crees tú en mis palabras,
                 y he de creer tu silencio?
                    Fiera homicida del alma,
                 matar con la voz intenta
                 mar que embozó la tormenta
                 con la quietud de la calma.
                    Ingrata la más divina,
                 divina más rigurosa,
                 purpúrea, a la vista, rosa,
                 y al tacto cruel espina,
                    ya no podrá tu rigor
                 peregrinar esta senda;
                 ya me he quitado la venda,
                 y con vista no hay amor.
                    A dejarte me sentencia
                 una verdad tan desnuda,
                 que al caminar por la duda,
                 encontró con la evidencia.

121

Ya no he de ser el que soy;
ya no quiere, arrepentido,
sufrir a tu voz mi oído;
ya te dejo, ya me voy.

Isabel   Pues, falso, alevoso, infiel,
ingrato como enemigo,
si estuve anoche contigo,
¿cómo pude estar con él?
    ¿Cuándo había de hablar, espero
saber, cuando yo quisiera?
Respóndeme.

Pedro   ¿No pudiera
haberte hablado primero?

Isabel   No pudiera, y ése es
el indicio más impropio.
¿No sabes tú que tú propio
le viste salir después
    de su aposento?

Pedro   Es ansí.

Isabel   Luego el castigo mereces.

Pedro   ¿No pudo salir dos veces?

Isabel   Sí, pudo salir; mas di:
    ¿cuándo estabas escondido,
que yo te amaba no oíste?

Pedro   Sí, pero también pudiste
haberme ya conocido.

122

Isabel	Ya que en esos celos das,
	dime, don Pedro, por Dios:
	¿puedo yo querer a dos?
Pedro	A don Luis quieres no más.
Isabel	Y si eso pudiera ser,
	que no lo he de consentir,
	¿por qué había de fingir
	contigo?
Pedro	Por ser mujer.
Isabel	Tú eres la luz de mi vida;
	solo a ti te adoro yo.
Pedro	¿No lo haces de amante?
Isabel	¿No?
	Pues, ¿de qué?
Pedro	De agradecida.
Isabel	Deja esa duda, señor;
	no te cueste un sentimiento;
	que no hay agradecimiento
	adonde no hay sino amor.
Pedro	Las finezas son agravios.
Isabel	Mi bien, templa esos enojos,
	y satisfagan mis ojos
	lo que no aciertan mis labios.

Pedro	¡No he de creerte, cruel!
Isabel	Advierte...
Pedro	No estoy en mí.

(Salen don Lucas y doña Alfonsa, cada una por su puerta.)

Alfonsa	Don Pedro, ¿qué hacéis aquí?
Lucas	¿Qué es eso, doña Isabel?
Cabellera (Aparte.)	(Cayeron en ratonera.)
Lucas	¿Qué era el caso?
Isabel	Señor, fue...
Pedro (Aparte.)	Fue, señor... (¿Qué le diré?)
Isabel	Era estar quejosa.

Pedro
                             Era
reñirme agora también
porque entré con el intento
que te dije en su aposento
esta noche.

Lucas	Hizo muy bien.

Isabel (Aparte.)
                        (Esforcemos la salida.)
¿Y a vuestro amor corresponde
que entre otro que vos adonde

yo estuviere recogida?

Cabellera (Aparte.)   (Ya de este rayo escapamos.)

Isabel   ¿Vos dudáis siendo quien soy?
Nadie entra adonde yo estoy.

Lucas   Porque no entre nadie andamos.

Alfonsa (Aparte.)   (¡Que así este engaño creyó!)
Don Lucas, advierte agora
que no entró...

Lucas   Callad, señora.
Yo sé si entró o si no entró.

Alfonsa   Que creáis me maravillo
este enojo que fingió.
Él la quiere...

Lucas   Ya sé yo
que la quiere don Luisillo,
mas yo lo sabré atajar.

Alfonsa   No es sino...

Lucas   Callad, señora,
que os habéis hecho habladora.

Alfonsa   Mirad...

Lucas   No quiero mirar.

Alfonsa   Advierte, señor, que es él.

Lucas	Calla, hermana, no me enfades.
	Háganse estas amistades;
	dadle un abrazo, Isabel.
Isabel	No me lo habéis de mandar,
	que ha dudado en mi opinión.
Lucas	Digo que tenéis razón,
	pero le habéis de abrazar.
Isabel	Por vos hago este reparo.
Lucas	Sois muy honesta, Isabel.
Isabel	¿Querrá él?
Lucas	Sí, querrá él.
	¿No está claro?
Pedro	No está claro...
Lucas	¿Cómo no? ¡Viven los cielos!
Pedro	Si aún no tengo satisfecha
	una evidente sospecha.
Lucas	¿Qué sospecha?
Pedro	De unos celos.
Alfonsa	¿No lo has entendido?
Lucas	No.

Pues, ¿hay otra causa?

Isabel   Sí,
que está doña Alfonsa aquí.

Lucas   ¿Y estoy en las Indias yo?
Habéis de darla un abrazo
por mí; acabemos, por Dios.

Isabel   Voy a dáselo por vos.

Cabellera (Aparte.)   (¡Que te clavas, bestionazo!)

Alfonsa (Aparte.)   (Siendo ciertos mis recelos,
¿cómo mis iras reprimo?)

Pedro   Agradecedlo a mi primo.

(Abrázanse don Pedro e Isabel.)

Isabel (Aparte.)   (Agradécelo a mis celos.)

Lucas   Eso me parece bien.

Alfonsa   Mira, hermano...

Lucas   Ya es enfado.
¿Está el coche aderezado?

Andrea   Sí, señor.

Lucas   Isabel, ven.

Alfonsa (Aparte.)   (Diréle que me engañó

luego que salga de aquí.)

Lucas	¿Eres su amiga?
Isabel	Yo, sí.
Lucas	Y tú, ¿eres su amigo?
Pedro	Aún no.
Andrea	Hazlos amigos. ¿Qué esperas?
Lucas	Vuelvan acá. ¿Dónde van?
Cabellera	Déjalos, que ellos se harán más amigos que tú quieras.

(Vanse todos. Salen don Luis y Carranza.)

Carranza	Éste es Cabañas, señor.
Luis	¡Desaliñado lugar!
Carranza	La primer pulga se dice que fue de aquí natural. Aquí han de parar el coche y la litera.
Luis	Es verdad, y aquí he de hablar a don Lucas.
Carranza	Yo pienso que llegan ya. Pero, ¿qué intentas decirle si le hablas?

Luis	Tú lo sabrás.
Carranza	¿Tienes celos de Isabel?
Luis	He llegado a imaginar que si anoche, como viste, habló conmigo, será poner manchas en el Sol, buscarla en su honestidad; demás que aquel aposento en que la hallamos está poco distinto del otro, y se pudo acaso entrar en él oyendo la voz de don Lucas.
Carranza	Es verdad, que él al sintió cuando tú la hablabas.
Luis	Tente, que ya llegan todos a la puente.
Carranza	¿Qué intentas?
Luis	Tú has de llamar a don Lucas y decirle que un caballero que está por huésped de este aposento, dice que le quiere hablar.
Carranza	Voy a hacer lo que me ordenas.

Luis	Con silencio.
Carranza	Así será.

(Vase Carranza.)

Luis	Sepa don Lucas de mí mi amor, sepa la verdad de mi dolor; que no es bien, donde tantas dudas hay, ocultar el accidente pudiendo sanar el mal.

(Sale don Lucas.)

Lucas	¿Está un caballero aquí que me quiere hablar?
Luis	Sí, está.
Lucas	¿Vos sois?
Luis	Sí, señor don Lucas.
Lucas	¿Todavía camináis? ¿Vais en mula o en camello? Porque, desde ayer a acá, cuando os presumo delante, os vengo a encontrar atrás. ¿Qué me queréis, caballero, que un punto no me dejáis?
Luis	Quiero hablaros.

Lucas   Yo no quiero
que me habléis.

Luis   Esperad,
que os importa a vos.

Lucas   ¿A mí
me importa? Pues perdonad,
que con importarme a mí
tanto, no os quiero escuchar.

Luis   ¿Y si toca a vuestro honor?

Lucas   A mi honor no toca tal,
que yo sé más de mi honra
que vos ni que cuantos hay.

Luis   ¿Dos palabras no me oiréis?

Lucas   ¿Dos palabras?

Luis   Dos no más.

Lucas   Como no me digáis tres,
lo admito.

Luis   Pues dos serán.

Lucas   Decidlas.

Luis   Doña Isabel
me quiere a mí solo.

Lucas   ¡Zas!

Más habéis dicho de mil
en dos palabras no más;
pero ya que se ha soltado
tan grande punto al hablar,
deshaced toda la media,
y hablad más. Pero, ¿qué más?

Luis   Señor, yo miré a Isabel...

Lucas   Bien pudierais excusar
haberla mirado.

Luis   El Sol,
cuando con luz celestial
sale al oriente divino,
dorando la tierra y mar,
alumbra la más distante
flor, que en capillo sagaz,
de la violencia del cierzo
guarda las hojas de azahar.

Lucas   No os andéis conmigo en flores,
señor don Luis; acabad.

Luis   Digo que adoré sus rayos
con amor tan pertinaz...

Lucas   ¿Pertinaz? Don Luis, ¿queréis
que me vaya agora a echar
en el pozo de Cabañas,
que en esa plazuela está?

Luis   Quísome Isabel; que yo
lo conocí en un mirar

tan al descuido, que era
cuidado de mi verdad,
que quien los ojos no entiende...

Lucas   ¡Oculista o Barrabás!,
que de Isabel en los ojos
hallasteis la enfermedad,
decidme cómo os premió,
que aquesto es lo principal,
y no me habléis tan pulido.

Luis   Premióme con no me hablar;
pero en Illescas, anoche,
con ardiente actividad
la solicité en su lecho;
salió a hablarme hasta el zaguán,
y en él me explicó la enigma
de toda su voluntad.
Dice que ha de ser mi esposa,
y que violentada va
a daros la mano a vos;
pues si esto fuese verdad,
¿por qué dos almas queréis
de un mismo cuerpo apartar?
Yo os tengo por entendido
y os quiero pedir...

Lucas   ¡Callad,
que para esta y para esotra
que me la habéis de pagar!

(Dentro.)

Alfonsa   ¿Está mi hermano aquí dentro?

Lucas	A esta alcoba os retirad;
	que quiero hablar a mi hermana.
Luis	Decidme: ¿en qué estado está
	mi libertad y mi vida?
Lucas	Idos, que harto tiempo hay
	para hablar de vuestra vida
	y de vuestra libertad.

(Sale doña Alfonsa.)

Alfonsa	Hermano...
Lucas	¿Qué hay, doña Alfonsa?
Alfonsa	Yo vengo a hablaros.
Lucas	¿Hay tal?
	¡Qué de ellos quieren hablarme!
	Mas si yo no dejo hablar,
	hacen muy bien en hablarme
	y hago en oírlos muy mal.
Alfonsa	¿Estamos solos?
Lucas	Sí, hermana.
Alfonsa	Di, señor, ¿te enojarás
	de mis voces?
Lucas	¿Qué sé yo?

Alfonsa	Sabes, señor...
Lucas	No sé tal.
Alfonsa	...que soy mujer.
Lucas	No lo sé.
Alfonsa	Yo, señor...
Lucas (Aparte.)	¡Acaba ya! (Este don Luis y esta hermana pienso que me han de acabar).
Alfonsa	Tengo amor...
Lucas	¡Ten norabuena!
Alfonsa	...a don Pedro...
Lucas	Bien está.
Alfonsa	Pero él no me quiere a mí, porque amante desleal, a doña Isabel procura, contra mi fe y tu amistad.
Lucas	Digo que he de creerlo.
Alfonsa	Ya sabes que me da un mal de corazón.
Alfonsa	Sí, señora.

Alfonsa	Y también te acordará que en Illescas me dio anoche un mal de estos.
Lucas	Pues, ¿qué hay?
Alfonsa	Sabrás que el mal fue fingido.
Lucas	Y agora, ¿quién te creerá si te da el mal verdadero?
Alfonsa	Importó disimular, porque don Pedro, traidor, juzgando que era verdad, dijo a Isabel mil ternezas; yo entonces quise estorbar su amor con mi indignación, y tan adelante está su amor, que aun en tu presencia la requebró.
Lucas	¡Bueno está!
Alfonsa	Anoche estuvo con ella en su aposento, y pues ya llegan mis celos a ser declarados, tú podrás tomar venganza en los dos; solicita, pues, vengar esta traición que te ha hecho contra la fidelidad don Pedro.
Lucas	¡Buena la hice!

Mas, ¿quién puede examinar
si quiere a don Luis o a Pedro?
Pero a entrambos los querrá
porque la tal Isabel
tiene gran facilidad.
Mas de lo que estoy corrido,
más que de todo mi mal,
es que, riñendo por celos,
los hiciese yo abrazar.
Pero, ¿a cuál de los dos quiere?
Agora he de averiguar,
y si es don Pedro su amante...,
¡por vida de ésta y no más!,
que he de tomar tal venganza,
que he de hacer castigo tal,
que dure toda la vida,
aunque vivan más que Adán;
que darles muerte a los dos
es venganza venial.

Alfonsa   Pues, ¿qué intentas?

Lucas   ¿Don Antonio?

Alfonsa   Sentado está en el zaguán.

Lucas   ¿Don Pedro?

Alfonsa   Ya entra don Pedro.

Lucas   ¿Doña Isabel?

Alfonsa   Allí está.

(Salen don Antonio, doña Isabel, don Pedro, Andrea y Cabellera.)

Antonio	¿Qué me mandas?
Isabel	¿Qué me quieres?
Pedro	¿Qué me ordenas?
Lucas	Esperad. Cabellera, entra acá dentro.
Cabellera	Como ordenas, entro ya.
Lucas	Cerrad la puerta.
Cabellera	Ya cierro.
Lucas	Dadme la llave.
Cabellera	Tomad.
Lucas	Don Luis, salid.
Luis	Yo ya salgo.
Isabel	Di, ¿qué intentas?
Antonio	¿Qué será?
Pedro	¿A qué me llamas?
Luis	¿Qué es esto?
Alfonsa	¿Qué pretendes?

Lucas	Escuchad. El señor don Luis, que veis, me ha contado que es galán de doña Isabel, y dice que con ella ha de casar, porque ella le dio palabra en Illescas, y...
Cabellera	No hay tal, que yo en Illescas, anoche, le vi a una puerta llamar, y con doña Alfonsa habló por Isabel. ¿No es verdad que tú la sentiste anoche? ¿Tú no saliste a buscar un hombre, con luz y espada? Pues él fue.
Luis	¿Quién negará que tú saliste y que yo me escondí? Pero juzgad que yo hablé con Isabel, no con Alfonsa.
Alfonsa	Aguardad. Yo fui la que allí os hablé, pero yo os llegaba a hablar pensando que era don Pedro.
Pedro (Aparte.)	(¡Amor, albricias me dad!)
Isabel	¿Lo entendiste?

Pedro	Sí, Isabel.
Lucas	Esto está como ha de estar; ya está este galán a un lado, con esto me dejará. Pues vamos al caso agora, porque hay más que averiguar. Doña Alfonsa me ha contado que, traidor y desleal, queréis a Isabel...
Pedro	Señor...
Lucas	Decidme en esto lo que hay; vos me dijisteis anoche que entrasteis solo a cuidar por mi honor en su aposento, con que colegido está que de la parte de afuera le pudiérades mirar. Más: os ha escuchado Alfonsa ternísimo requebrar y satisfacerla amante.
Antonio	Don Lucas, no lo creáis.
Lucas	Yo creeré lo que quisiera; dejadme agora y callad. Más: os hablasteis muy tiernos en Torrejoncillo; más: cuando el coche se quebró, esto no podéis negar, tuvisteis un quebradero de cabeza...

140

Cabellera (Aparte.)	(¡Hay tal pesar!)

Lucas

    Más: al llegar a Cabañas,
esto fue sin más ni más,
le sacasteis en los brazos
de la litera al zaguán;
más: desde ayer a estas horas
se miran de a par a par,
cantando en coro los dos
el tono del «¡Ay, ay, ay!»
Más: aquí os hicisteis señas;
más: no lo pueden negar;
pues muchos «máses» son éstos,
digan luego el otro «mas».

Isabel   Padre y señor...

Antonio   ¿Qué respondes?

Isabel   Don Pedro...

Antonio   Remisa estás.

Isabel   ...es el que me dio la vida
en el río.

Pedro   Y el que ya
no puede ahora negarte
una antigua voluntad.
Antes que tú la quisieras,
la adoré; no es desleal
quien no puede reprimir
un amor tan eficaz.

Lucas	Calla, primillo, que ¡vive...!; pero no quiero jurar; que he de vengarme de ti.
Pedro	Estrene el cuchillo ya en mi garganta.
Lucas	Eso no; yo no os tengo de matar; eso es lo que vos queréis.
Pedro	Pues, ¿qué intentas?
Andrea	¿Qué querrá? ¡Entre bobos anda el juego!
Antonio	¿Qué haces?
Lucas	Ahora lo verás. Vos sois, don Pedro, muy pobre, y a no ser porque en mí halláis el arrimo de pariente, perecierais.
Pedro	Es verdad.
Lucas	Doña Isabel es muy pobre. Por ser hermosa no más yo me casaba con ella; pero no tiene un real de dote.
Antonio	Por eso es

virtuosa y principal.

Lucas   Pues dadla la mano al punto,
que en esto me he de vengar.
Ella pobre, vos muy pobre,
no tenéis hora de paz;
el amar se acaba luego,
nunca la necesidad;
hoy con el pan de la boda,
no buscaréis otro pan.
De mí os vengáis esta noche,
y mañana, a más tardar,
cuando almuercen un requiebro,
y en la mesa, en vez de pan,
pongan una «fe» al comer
y una «constancia» al cenar,
y, en vez de galas, se ponga
un buen amor de Milán,
una tela de «mi vida»,
aforrada en «¿me querrás?»,
echarán de ver los dos
cuál se ha vengado de cuál.

Pedro   Señor...

Lucas   Ello, has de casarte.

Cabellera   ¡Cruel castigo les das!

Lucas   ¡Entre bobos anda el juego!
Presto me lo pagarán
y sabrán pronto lo que es
sin olla una voluntad.

Pedro (Aparte.)   (Hacerme de rogar quiero)
                         Señor...

Cabellera (Aparte.)   (La mano la da;
                         no se arrepienta.)

Pedro   Ésta es
                         mi mano.

(Danse las manos don Pedro e Isabel.)

Isabel   El alma será
                         quien solo ajuste este lazo.

Lucas   Don Luis, si os queréis casar,
                         mi hermana está aquí de nones,
                         y haréis los dos lindo par.

Luis   En Toledo nos veremos.

Lucas   Iréme de él si allá vais.

Cabellera   Y don Francisco de Rojas,
                         a tan gran comunidad,
                         pide el perdón con que siempre
                         le favorecéis y honráis.

                         Fin de la comedia

Libros a la carta

A la carta es un servicio especializado para

empresas,

librerías,

bibliotecas,

editoriales

y centros de enseñanza;

y permite confeccionar libros que, por su formato y concepción, sirven a los propósitos más específicos de estas instituciones.

Las empresas nos encargan ediciones personalizadas para marketing editorial o para regalos institucionales. Y los interesados solicitan, a título personal, ediciones antiguas, o no disponibles en el mercado; y las acompañan con notas y comentarios críticos.

Las ediciones tienen como apoyo un libro de estilo con todo tipo de referencias sobre los criterios de tratamiento tipográfico aplicados a nuestros libros que puede ser consultado en Linkgua-ediciones.com.

Linkgua edita por encargo diferentes versiones de una misma obra con distintos tratamientos ortotipográficos (actualizaciones de carácter divulgativo de un clásico, o versiones estrictamente fieles a la edición original de referencia).

Este servicio de ediciones a la carta le permitirá, si usted se dedica a la enseñanza, tener una forma de hacer pública su interpretación de un texto y, sobre una versión digitalizada «base», usted podrá introducir interpretaciones del texto fuente. Es un tópico que los profesores denuncien en clase los desmanes de una edición, o vayan comentando errores de interpretación de un texto y esta es una solución útil a esa necesidad del mundo académico.

Asimismo publicamos de manera sistemática, en un mismo catálogo, tesis doctorales y actas de congresos académicos, que son distribuidas a través de nuestra Web.

El servicio de «Libros a la carta» funciona de dos formas.

1. Tenemos un fondo de libros digitalizados que usted puede personalizar en tiradas de al menos cinco ejemplares. Estas personalizaciones pueden ser de todo tipo: añadir notas de clase para uso de un grupo de estudiantes, introducir logos corporativos para uso con fines de marketing empresarial, etc. etc.

2. Buscamos libros descatalogados de otras editoriales y los reeditamos en tiradas cortas a petición de un cliente.